U0938631

国家中职示范校建设课程改革创新教材
中职中专物流服务与管理专业系列教材

# 物流单证实训

应冬兰　金相旺　主　编
潘　跃　林锡波　陈瑞章　副主编

科学出版社
北　京

## 内 容 简 介

本书是针对中职物流服务与管理专业学生实训教学开发的，旨在提高学生实训学习的有效性。本教材的主要内容包括：物流单证的概述，使学生在学习该部分内容后能知道什么是单证，物流单证是什么样的，物流单证有什么作业以及物流单证的应用；仓储模块单证的填制，包括入库作业、出库作业以及在库管理等作业环节所涉及的单证；运输模块单证的填制，包括公路货物运单、运输计划、集货单等单证；国际货代模块单证的填制，包括托运单、报关单、报检单等进出口贸易相关的单证。

本书注重理论传授和实践操作相结合，使学生能在学习过程中及时对新学的内容通过动手操作进行巩固，以加深对各种单证填制方法和注意事项的认知，从而达到有效教学的目的。

本书可作为中等职业学校物流服务与管理专业及相关专业的教材，也可作为物流企业的培训用书。

**图书在版编目（CIP）数据**

物流单证实训/应冬兰，金相旺主编. —北京：科学出版社，2014.6

（国家中职示范校建设课程改革创新教材·中职中专物流服务与管理专业系列教材）

ISBN 978-7-03-041282-9

I. ①物…　II. ①应…　②金…　III. ①物流－原始凭证－中等专业学校－教材　IV. ①F252

中国版本图书馆 CIP 数据核字（2014）第 138547 号

责任编辑：王琳 / 责任校对：柏连海
责任印制：吕春珉 / 封面设计：耕者设计工作室

科学出版社 出版
北京东黄城根北街 16 号
邮政编码：100717
http://www.sciencep.com

北京中科印刷有限公司 印刷
科学出版社发行　各地新华书店经销
*
2014 年 6 月第 一 版　开本：787×1092 1/16
2020 年 8 月第五次印刷　印张：6 1/4
字数：148 000

**定价：19.00 元**

（如有印装质量问题，我社负责调换〈中科〉）
销售部电话 010-62134988　编辑部电话 010-62135120-2005

# 前　言

本书是针对中职物流专业学生实训教学开发的，旨在提高学生实训学习的有效性。全书围绕物流作业流程，以物流单证软件的填制为呈现手段，紧扣当前实训教学的热点，使学生学有所得，学有所用。

在编写本书时，编者采用了从整体概述到局部讲解、从简单到复杂、从易到难的方式进行知识架构，力求符合中职学生的认知水平和知识接受能力。具体来说，就是在整体解释物流单证概念及相关软件界面和操作方法的基础上，将各个单证按仓储模块、运输模块和国际货代模块的形式进行局部详解，尽量合理地安排每个课时的教学量。将简单易懂的单证安排在前面的模块，将复杂难懂的单证安排在后面的模块，帮助学生在学习过程中逐步建立信心，并能循序渐进，不断提高填制单证的水平。

本书的一大特点就是对每张单证的用途和作用进行了恰当的解释，既没有长篇大论也没有晦涩难懂的理论。为使中职学生能“读下去”，编者在编写本书时力求言简意赅，使学生一读就懂，一学就会。

本书的另一大特点是几乎每个单证均设置了“填制方法和注意事项”，这是本书的独到之处。其中“注意事项”很多是编者对多年实训教学及技能大赛的经验总结，有利于学生理解单证的作用，并正确填制单证。

另外，编者精选了许多练习案例，供没有上机实操条件的读者练习使用。

总之，编者希望从帮助学生更好地学习的角度出发，编写一部真正适合中职物流专业学生的“实训学习指导书”，而不仅仅是一部教材。

本书由应冬兰、金相旺任主编，潘跃、林锡波、陈瑞章任副主编，参编人员有季小雄、郑王卉、赵艳、杨建、王玲玉、冉智强。

由于编者从教资历尚浅，加之对物流单证软件的研究时日尚短，书中难免有不足之处，希望广大读者不吝赐教，给予批评指正。

编　者

2014 年 4 月

# 目　　录

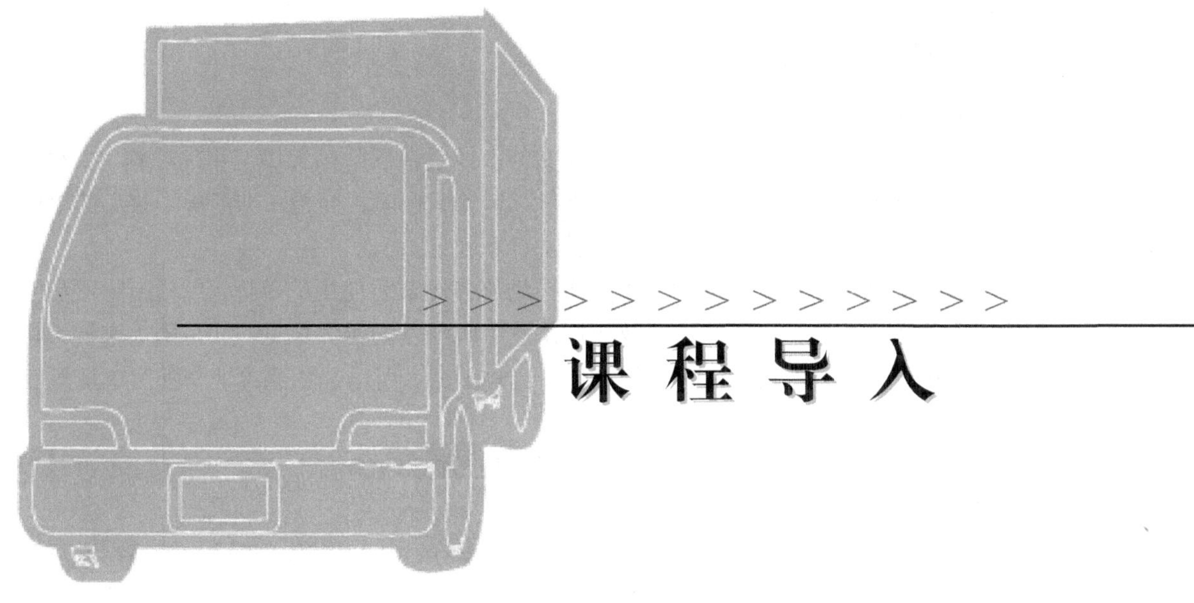

# 课 程 导 入

【概述】

企业的正常运作离不开井然有序的工作流程，工作流程的设置能使作业人员依据既定的规律顺利执行工作任务，物流企业更是如此。物流企业经常与货物打交道。在货物从供应地到接收地的实体流动过程中，需要将运输、储存、装卸搬运、流通加工等物流环节进行有效衔接，使货物的流动不至于发生中断。要达到上述连续不断的作业效果，物流企业在作业过程中就需要采用众多手段，而物流单证的使用就是物流流畅性的重要保障之一。

本部分将向学生揭开物流单证的神秘面纱。

【学习目标】

- 了解物流单证的含义；
- 了解物流单证的作用；
- 知晓物流单证软件的应用领域；
- 熟悉物流单证软件界面及软件操作方法。

1. 初识物流单证

（1）物流单证的含义

单证通常指外贸活动中使用的单据和文件，或是在国际结算中应用的单据、文件、证书，凭借这种文件来处理国际货物的支付、运输、保险、商检、结汇等。狭义的单证是指单据和信用证；广义的单证是指各种文件和凭证。

物流单证是指在物流活动过程中为衔接物流各环节所使用的单证，包括国际贸易中与物流作业相关的单证、仓储作业及运输作业中所涉及的相关单据。从范围上来说，物流单证既包含某些外贸单证，也包括仓储、运输单据。所以，物流单证与外贸单证既有区别，又有关联。

除特别说明，本书后续内容所述的单证都是指物流单证。

（2）物流单证的作用

在物流活动过程中，物流企业需要将运输、储存、装卸搬运、流通加工等物流环节进行有机结合。货物在流动的过程中会不断地发生交接作业，为了使货物的交接能更顺利地进行，使用各种功能的物流单证就显得十分有必要。填制物流单证使繁杂的物流操作信息能有序地呈现在作业人员眼前，使作业人员对作业内容一目了然；使用物流单证能帮助作业人员迅速了解物流操作的对象，即相应的货物，根据单证的信息作出准确的判断，并实施合适的操作。

此外，使用物流单证能在物流过程中最大程度地划分作业人员的工作责任，便于查找单证和事后处理纠纷。例如，在拣货单中就要求拣货作业人员在完成拣货作业之后在该单相应栏目内签字，以达到明确作业责任的目的。若某次拣货作业出现错误，就可通过拣货单筛选出拣货作业人员，并对其究责。

（3）物流单证软件的应用

随着物流设施设备的普及和物流信息技术的发展，物流信息化的建设越来越受到企业的重视，尤以物流信息处理的需求最为突出。为了更好地处理物流信息，使纷繁复杂的物流信息能清晰地呈现在作业人员面前，物流单证软件应运而生，并应用于物流企业的信息处理领域。表格、图形化的物流单证软件界面让作业人员井然有序地完成一条条作业指令，但这些都需要在计算机上操作。于是，拥有一定的计算机操作水平和单据处理能力的复合型作业人员便成为了该工作岗位的首选。

物流单证软件主要应用于物流运输企业（包括公路运输企业、铁路运输企业、水路运输企业及航空运输企业）、仓储企业、配送中心和制造企业的物流部门等。物流单证软件的使用在提高物流作业水平的同时，也降低了作业过程中的出错率，为降低企业的作业成本、提高企业的整体效益起到了很大的作用。

目前，从事中职物流单证软件开发和技术支持的企业主要有北京络捷斯特科技发展有限公司（以下简称“络捷斯特”）、环众软件（上海）有限公司（以下简称“环众软件”）等。

2. 熟悉物流单证软件

（1）络捷斯特物流单证软件

络捷斯特是 2010 年、2011 年和 2012 年全国中职物流技能竞赛比赛项目的技术支持方，而且单证项目比赛所使用的物流单证软件也是由该公司开发的，所以该软件被全国各高职、中职院校广泛使用，具有一定的普及率。

本书主要以络捷斯特的物流单证软件为载体，结合编者在教学过程中的教学经验和心得体会进行编著。

（2）络捷斯特物流单证软件界面

络捷斯特物流单证软件登录界面如图 0-1 所示。

图 0-1　物流单证软件登录界面

操作界面如图 0-2 所示。

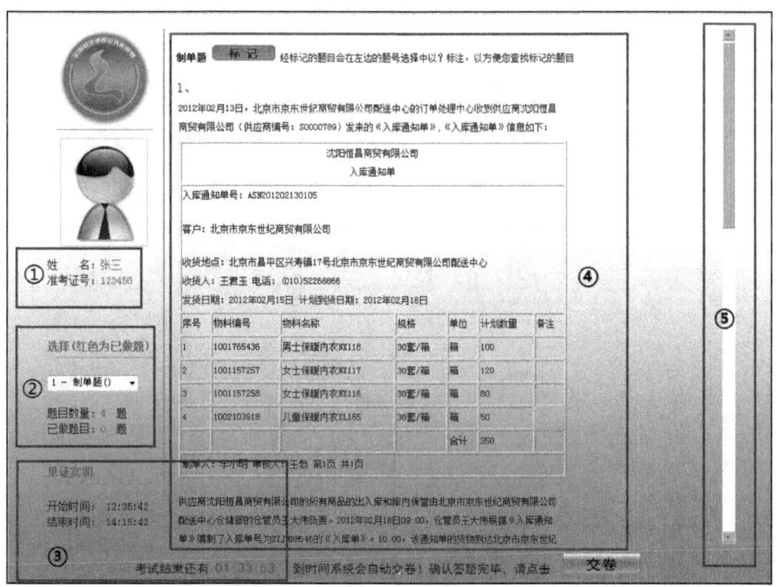


图 0-2　物流单证软件操作界面

图 1-2 各方框区域表示信息如下：

区域①，考生信息显示栏；

区域②，比赛试题及试题量显示栏；

区域③，时间提示栏；

区域④，案例信息栏；

区域⑤，窗口移动滑块。

（3）络捷斯特物流单证软件操作简介

首先登录软件系统，系统界面如图 0-3 所示。

图 0-3　填写信息的登录界面

登录系统时，在“准考证号”、“密码”栏输入相应的信息，在“验证号”栏输入右侧显示的数字，然后单击“登录”按钮，登录物流单证比赛系统。

登录物流单证比赛系统后，可核对相关信息，界面如图 0-4 所示。

图 0-4　登录信息核对界面

登录成功后，界面会显示相关考生信息以及考试开始时间和结束时间。

图 0-5 为物流单证考试系统制单题界面。

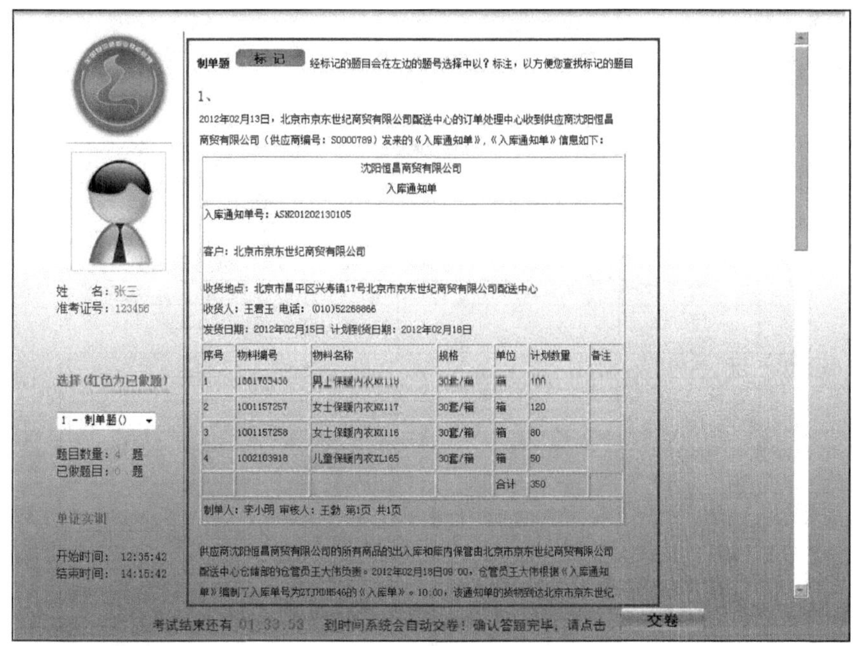


图 0-5 制单题界面

第一，阅读案例信息，了解案例背景。

第二，阅读“制单要求”，了解案例内容（图 0-6）。

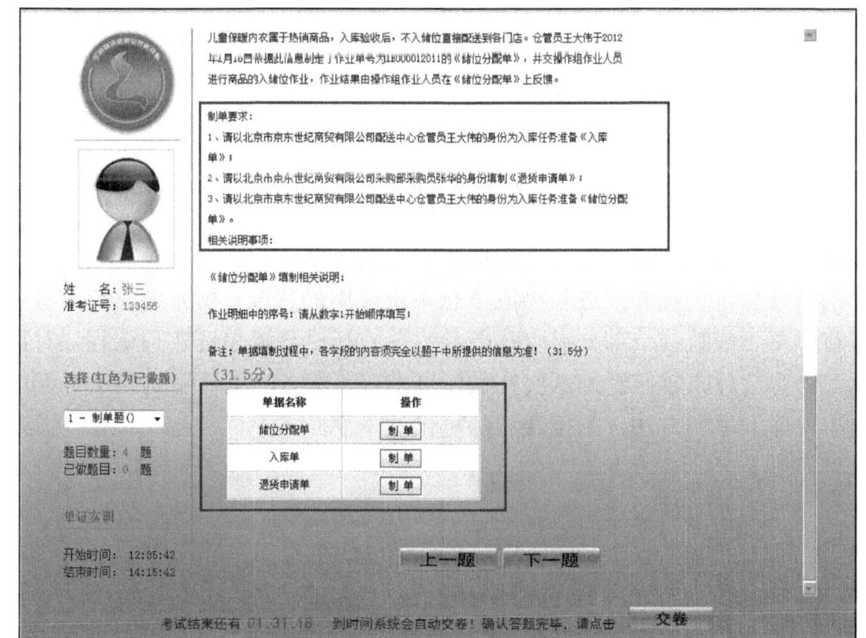


图 0-6 制单要求和制单操作区域

第三，选择相应的物流单证，单击“制单”按钮。若单击“储位分配单”的“制单”按钮，则会显示如图 0-7 所示的界面。

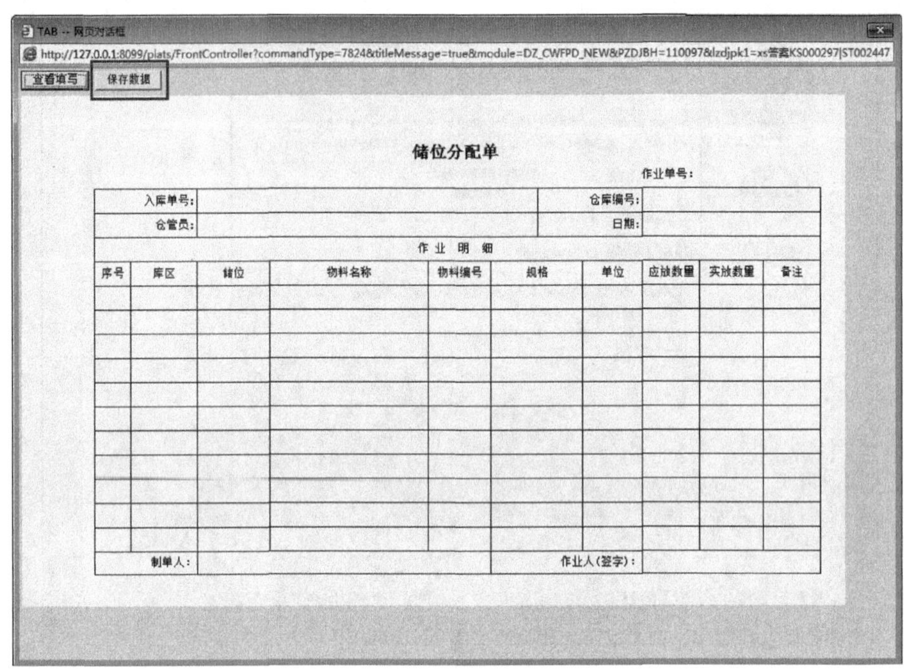

储位分配单

作业单号：

| 入库单号： | | | | 仓库编号： | | | | | |
|---|---|---|---|---|---|---|---|---|---|
| 仓管员： | | | | 日期： | | | | | |
| 作业明细 | | | | | | | | | |
| 序号 | 库区 | 储位 | 物料名称 | 物料编号 | 规格 | 单位 | 应放数量 | 实放数量 | 备注 |
| | | | | | | | | | |
| | | | | | | | | | |
| | | | | | | | | | |
| | | | | | | | | | |
| | | | | | | | | | |
| | | | | | | | | | |
| | | | | | | | | | |
| | | | | | | | | | |
| | | | | | | | | | |
| | | | | | | | | | |
| | | | | | | | | | |
| 制单人： | | | | | 作业人(签字)： | | | | |

图 0-7 储位分配单填制界面

第四，在弹出的窗口中，根据案例信息，完成相应物流单证的填制。

第五，完成物流单证的填制后，单击“保存数据”按钮，保存填制的信息。

完成一个大题后，可单击“下一题”按钮，继续下面的题目。

## 小 结

本模块主要介绍物流单证和物流单证软件的含义及应用领域，使学生对物流单证和物流单证软件有具体的认识，为后续模块的学习奠定基础。

随着物流信息化进程的推进和物流信息系统应用的普及，物流单证操作将会成为企业运输环节中不可或缺的一部分，会有更多的学校开设物流单证实训课程，对物流单证软件的学习势必会越来越广泛地落实在教学环节中。本书的编写正是为了更好地帮助学生学习物流单证的填制方法，为授课教师提供教学思路。

# 模块一 填制仓储单证

【概述】

仓储作业主要涉及入库作业、在库管理和出库作业三大部分作业内容，它们是构成仓储作业的基本环节，可谓缺一不可。这三个基本环节涉及多种仓储单证的填制。学习仓储单证的填制对于学习其他物流单证的填制具有借鉴的意义。

【学习目标】

- 了解仓储出入库作业及在库管理作业的主要内容和相应流程；
- 掌握入库作业相关单证的填制方法和注意事项；
- 掌握在库管理作业相关单证的填制方法和注意事项；
- 掌握出库作业相关单证的填制方法和注意事项。

【主要单证】

入库单　储位分配单　盘点单　移库单　出库单　拣货单　退货申请单

# 任务一　填制入库作业单证

**【任务描述】**

入库作业是货物在进入仓库并进行储存过程中发生的一系列物流作业活动，其中包括货物到站的接运、货物的接收及到站货物的验收，还有验收合格货物的入库储存等。在这个过程中，物流单证使每个作业环节都能有效连接，使作业过程变得有序且有效。因此，本任务将介绍入库作业相关单证的填制。

通过本任务的训练，学生应达到以下目标：

- 了解入库单、储位分配单和退货申请单的单据样式和构成要素；
- 了解入库单、储位分配单和退货申请单的作用；
- 掌握入库单、储位分配单和退货申请单的填制方法；
- 掌握填制入库单、储位分配单和退货申请单的注意事项。

## 一、知识准备

在入库作业过程中，物流企业要为每个作业环节准备相应的物流单证，并由相关作业人员进行填制。以下是入库作业涉及的最为主要的单证。

### 1. 入库单

入库单是货物进入仓库前验收时使用的单据。其主要作用是帮助入库作业人员核对入库货物的相关信息，明确入库作业责任。

### 2. 储位分配单

储位分配单是货物进入仓库后使用的单据。其主要作用是帮助作业人员快速找到相应货物的对应存放储位，并明确作业责任。

### 3. 退货申请单

退货申请单是在验收完成后，出现需要退货的情况时使用的单据。其主要作用是记录退货货品的相关信息及退货原因，为退货作业做备案。

## 二、任务实施

### 1. 填制入库单

入库单主要包括入库单号、货主信息、货物信息及相关作业人员信息，这些信息的承载使得入库单能在货物入库时发挥应有的作用。入库单具体结构和主要构成要素如图 1-1 和图 1-2 所示（注：图 1-1 中的方框为标识记号，表示在之后的填制方法中会针对“打方框”的栏目讲解填制方法，后文不再赘述）。入库单的填制方法和注意事项如表 1-1 和表 1-2 所示。

入库单

入库单号:

| 仓库编号 | | | | | | | |
|---|---|---|---|---|---|---|---|
| 供应商名称 | | | | 供应商编号 | | 制单时间 | |
| 入库通知单号 | | | | | | | |
| 物料名称 | 物料编号 | 规格 | 单位 | 计划数量 | 实际数量 | 批次 | 备注 |
| | | | | | | | |
| | | | | | | | |
| | | | | | | | |
| | | | | | | | |
| 仓管员（签字） | | | 制单人 | | | | |

图 1-1 入库单（一）

表 1-1 入库单填制方法和注意事项（一）

| | |
|---|---|
| 填制方法 | ①“入库单号”、“仓库编号”、“供应商名称”、“供应商编号”、“入库通知单号”等栏通过给定信息填制<br>②“物料名称”、“物料编号”、“规格”、“单位”、“计划数量”等栏的填制以入库通知单为填制依据<br>③“制单人”栏填写制作该单证的工作人员，根据案例中的“制单要求”所列信息填制<br>④ 以上信息均为字符型，内容必须完全以案例中所提供的信息为准 |
| 注意事项 | ① 入库单的填制依据为入库通知单，所以在填制相关信息前应找到相应的入库通知单，只有这样，才能正确地按照货主的要求完成货物的入库任务<br>②“计划数量”为预计入库的物料数量，须与入库通知单上的物料数量信息一致 |

入库单

入库单号：

| 仓库编号 | | | | | | | |
|---|---|---|---|---|---|---|---|
| 供应商名称 | | | | 供应商编号 | | 制单时间 | |
| 入库通知单 | | | | | | | |
| 物料名称 | 物料编号 | 规格 | 单位 | 计划数量 | 实际数量 | 批次 | 备注 |
| | | | | | | | |
| | | | | | | | |
| | | | | | | | |
| | | | | | | | |
| 仓管员（签字） | | | 制单人 | | | | |

图 1-2 入库单（二）

**表 1-2 入库单填制方法和注意事项（二）**

| | |
|---|---|
| 填制方法 | ①“制单时间”为选择输入状态，日期型，内容必须完全以案例中所提供的信息为准<br>②“实际数量”栏，因没有完成入库检验，所以不填；当验收合格后，填入实际入库数量<br>③“批次”、“备注”等栏，若案例中没有涉及，不填<br>④“仓管员（签字）”栏，因需要当事人签字确认，所以不填 |
| 注意事项 | ①“制单时间”为案例中告知的制单时间点。案例中一般会出现多个时间点，需仔细辨别。若制单时间精确到小时和分钟，在选择输入时应先选择正确的时间（即小时数和分钟数），然后点选日期（及月数和日数），这是由于软件设置所致<br>②“实际数量”在入库验收后由实际入库作业人员填制，实际数量有时会少于计划数量或多于计划数量。“实际数量”栏通常空着不填。若案例中明确注明要在单证上进行反馈，则需要填写“实际数量”栏<br>③ 仓管员为最后确认人员，须由当事人亲自填写。同时，签字也意味着入库责任的划分，自签字的那一刻起，仓管员将对该张入库单上所列的货物的正确性和完整性负责 |

2. 填制退货申请单

退货申请单主要包括退货单号、供应商信息、货物基本信息及退货原因等。退货申请单的具体结构和主要构成要素如图 1-3 所示，填制方法和注意事项如表 1-3 所示。

## 退货申请单

退货单号：

| 供应商名称 | | | | 申请时间 | | | |
|---|---|---|---|---|---|---|---|
| 物料名称 | 物料编号 | 规格 | 单位 | 退货数量 | 质检单号 | 退货原因 | 备注 |
| | | | | | | | |
| | | | | | | | |
| | | | | | | | |
| | | | | | | | |
| 制单人 | | | | 仓管员 | | | |

图 1-3　退货申请单

**表 1-3　退货申请单填制方法和注意事项**

| | |
|---|---|
| 填制方法 | ①“退货单号”、“供应商名称”“物料名称”、“物料编号”、“规格”、“单位”、“退货数量”、“质检单号”、“退货原因”、“制单人”、“仓管员”等信息均为录入状态；字符型；内容必须完全以案例中所提供的信息为准<br>②“申请时间”为选择输入状态；日期型；内容必须完全以案例中所提供的信息为准<br>③“备注”等信息，根据案例所给信息填写，若案例中没有涉及，则不填 |
| 注意事项 | “退货原因”，在实操过程中要正确简明地填写。在软件操作时，通常可根据案例所给的相关退货信息填写 |

3. 填制储位分配单

储位分配单主要包括作业单号、入库信息、储位分配信息等。储位分配单的具体结构和主要构成要素如图 1-4 和图 1-5 所示。储位分配单的填制方法和注意事项见表 1-4 和表 1-5 所示。

## 储位分配单

作业单号：

| 入库单号 | | | | | | 仓库编号 | | | |
|---|---|---|---|---|---|---|---|---|---|
| 仓管员 | | | | | | 日期 | | | |
| 作 业 明 细 | | | | | | | | | |
| 序号 | 库区 | 储位 | 物料名称 | 物料编号 | 规格 | 单位 | 应放数量 | 实放数量 | 备注 |
| | | | | | | | | | |
| | | | | | | | | | |
| | | | | | | | | | |
| | | | | | | | | | |
| 制单人 | | | | | | 作业人（签字） | | | |

图 1-4　储位分配单（一）

表 1-4　储位分配单填制方法和注意事项（一）

| | |
|---|---|
| 填制方法 | ①“作业单号”、“入库单号”、“仓库编号”、“库区”、“储位”等信息通过案例给定信息填制<br>②“物料名称”、“物料编号”、“规格”、“单位”、“应放数量”等信息以入库单所列信息为依据进行填制<br>③ 以上均为字符型；内容必须完全以案例中所提供的信息为准<br>④“制单人”为制作该单证的人员；根据案例中的“制单要求”所列信息填制<br>⑤“制单时间”为选择输入状态；日期型；内容必须完全以案例中所提供的信息为准 |
| 注意事项 | ① 本单据的日期即为制单时间，即制单人填制该单证的日期时间，若有多个日期时间，需仔细辨别<br>② 应放数量为预计数量，一般须与入库单上的货物数量一致。但若案例中明确指出某种货物不入货位，被直接送往其他地方，那么储位分配单上就不需要列出该种货物 |

## 储位分配单

作业单号：

| 入库单号 | | | | | | 仓库编号 | | | |
|---|---|---|---|---|---|---|---|---|---|
| 仓管员 | | | | | | 日期 | | | |
| 作 业 明 细 | | | | | | | | | |
| 序号 | 库区 | 储位 | 物料名称 | 物料编号 | 规格 | 单位 | 应放数量 | 实放数量 | 备注 |
| | | | | | | | | | |
| | | | | | | | | | |
| | | | | | | | | | |
| | | | | | | | | | |
| 制单人 | | | | | | 作业人（签字） | | | |

图 1-5　储位分配单（二）

表 1-5　储位分配单填制方法（二）

| | |
|---|---|
| 填制方法 | ① 对于“实放数量”、“作业人”，因尚未完成具体入库作业，所以暂时不填<br>② 序号填写阿拉伯数字，如 1、2、3 等<br>③“备注”等信息，若案例中没有涉及，不填 |
| 注意事项 | ①“实放数量”为货物实际放入货位的数量，需实际作业完成后，由作业人员填写，填制时须注意<br>② 作业人员须在作业完成后签字。签字后，意味着该作业人员对本次作业的正确性负责 |

## 三、任务巩固

1. 根据案例，完成以下制单练习

2012 年 2 月 13 日，北京市京东世纪商贸有限公司配送中心的订单处理中心收到供应商沈阳恒昌商贸有限公司（供应商编号：S0000789）发来的入库通知单，如表 1-6 所示。

**表 1-6　入库通知单**

| 沈阳恒昌商贸有限公司<br>入库通知单 | | | | | | |
|---|---|---|---|---|---|---|
| 入库通知单号：ASN201202130105<br>客户：北京市京东世纪商贸有限公司<br>收货地点：北京市昌平区兴寿镇 17 号北京市京东世纪商贸有限公司配送中心<br>收货人：王君玉　电话：（010）52268866<br>发货日期：2012 年 2 月 15 日　计划到货日期：2012 年 2 月 18 日 | | | | | | |
| 序号 | 物料编号 | 物料名称 | 规格 | 单位 | 计划数量 | 备注 |
| 1 | 1001765436 | 男士保暖内衣 NX118 | 30 套/箱 | 箱 | 100 | |
| 2 | 1001157257 | 女士保暖内衣 NX117 | 30 套/箱 | 箱 | 120 | |
| 3 | 1001157258 | 女士保暖内衣 NX116 | 30 套/箱 | 箱 | 80 | |
| 4 | 1002103918 | 儿童保暖内衣 XL165 | 30 套/箱 | 箱 | 50 | |
| | | | | 合计 | 350 | |
| 制单人：李小明　审核人：王勃　第 1 页　共 1 页 | | | | | | |

供应商沈阳恒昌商贸有限公司的所有商品的出入库和库内保管由北京市京东世纪商贸有限公司配送中心仓储部的仓管员王大伟负责。2012 年 2 月 18 日 9:00，仓管员王大伟根据入库通知单编制了入库单号为 ZYJHDH546 的入库单。10:00，该通知单的货物到达北京市京东世纪商贸有限公司配送中心。在收货验收过程中，仓管员王大伟发现有 5 箱编号为 1001157258 的女士保暖内衣 NX116 的外包装破损，保暖内衣已经污损，经过和供应商协商，他把这 5 箱保暖内衣做拒收并退货处理，并由送货司机直接带回给供应商。

同时，王大伟通知采购部的采购员张华。张华根据相关的采购协议，制作了退货单号为 RT00210322 的退货申请单，其中质检单号为 QT012302311（退货原因：外包装破损，保暖内衣已经污损）。

除了拒收的 5 箱女士保暖内衣 NX116 外，其他货物均和入库通知单一致，仓管员王大伟当日根据入库通知单编制了入库单号为 ZYJHDH546 的入库单。当日验收之后，仓管员王大伟根据实际收货情况，在入库单上签字确认。

对于验收合格的商品，根据商品储存原则和仓库可用货位的情况，仓管员王大伟将质量合格的男士和女士保暖内衣统一入库到仓库编号为 KF001 的商品 1 号库。库区为服装 5 区，其中男士保暖内衣 NX118 储存到编号为 A00001 储位，女士保暖内衣 NX117 储存到编号为 A00002 储位，女士保暖内衣 NX116 储存到编号为 A00003 储位。

儿童保暖内衣属于热销商品，入库验收后，不入储位直接配送到各门店。仓管员王大伟于 2012 年 2 月 18 日依据此信息制定了作业单号为 IB000012011 的储位分配单，并交操作组作业人员进行商品的入储位作业，作业结果由操作组作业人员在储位分配单上反馈。

**[制单要求]**

1）以北京市京东世纪商贸有限公司配送中心仓管员王大伟的身份为入库任务准备入库单。

2）以北京市京东世纪商贸有限公司采购部采购员张华的身份填制退货申请单。

3）以北京市京东世纪商贸有限公司配送中心仓管员王大伟的身份为入库任务准备储位分配单。

（备注：本案例选自络捷斯特物流单证软件练习题）

2. 自我评价

### 学习札记

<table>
<tr><td>单证名称</td><td colspan="4">作用</td></tr>
<tr><td></td><td colspan="4"></td></tr>
<tr><td></td><td colspan="4"></td></tr>
<tr><td></td><td colspan="4"></td></tr>
<tr><td>制单练习</td><td>总分</td><td></td><td>得分</td><td></td></tr>
<tr><td>失分情况</td><td colspan="4"></td></tr>
<tr><td>心得体会</td><td colspan="4"></td></tr>
</table>

# 任务二　填制在库作业单证

【任务描述】

货物存放在仓库后，并不是任其摆放在货位上就结束作业任务了，而是需要对在库货物进行适当的管理和维护。对货物进行管理和维护包括货物数量的检查、质量的检查、货物储存位置的转移等事项。上述管理和维护作业会用到盘点单和移库单等相关单证。

通过本任务的训练，学生应达到以下目标：

- 了解盘点单和移库单的单据样式和构成要素；
- 了解盘点单和移库单的作用；
- 掌握盘点单和移库单的填制方法；
- 掌握填制盘点单和移库单的注意事项。

## 一、知识准备

在库作业包括对货物进行盘点和转移储位，主要使用以下单证。

### 1. 盘点单

盘点单是仓库对库存货物进行检查、清点时所使用的单证。所谓盘点，是指定期或临时对库存商品的实际数量进行清查、清点的作业，即为了掌握货物的流动情况（入库、在库、出库的流动状况），对仓库现有物品的实际数量与保管账上记录的数量相核对，以便准确掌握库存数量。盘点结果可能出现以下 3 种情况：

1）盘点正常，即仓库实际货物数量与保管账面数量相等。

2）盘盈，即仓库实际货物数量多于保管账面数量。

3）盘亏，即仓库实际货物数量少于保管账面数量。

盘盈、盘亏需要进行进一步的盘点处理作业。

盘点单的主要作用是帮助盘点人员正确记录盘点信息，帮助企业更加明确盘点责任。

### 2. 移库单

移库单是对仓库里的货物进行库位变更时使用的单据。移库作业可以发生在同一仓库，目的是使零散的货物能集中在相对临近的储位，以便于货物的拣选和管理；也可以发生在不同的仓库之间，主要是为了调集货物，分配货物储量。

移库单的主要作用是帮助移库作业人员正确转移指定数量的货物到指定货位的单证，同时明确移库作业的相关责任。

## 二、任务实施

### 1. 填制盘点单

盘点单由“盘点单号”、“物料信息”、“盘点人（签字）”等栏组成，具体结构和主要构成要素如图1-6和图1-7所示，填制方法和注意事项见表1-7和表1-8所示。

**盘点单**

盘点单号：

| 仓库编号 | | | | | | | 制单日期 | | | | |
|---|---|---|---|---|---|---|---|---|---|---|---|
| 物料信息 | | | | | | | | | | | |
| 库区 | 储位 | 物料编号 | 物料名称 | 规格 | 单位 | 库存数量 | 实际数量 | 盈亏数量 | 损坏数量 | 备注 | |
| | | | | | | | | | | | |
| | | | | | | | | | | | |
| | | | | | | | | | | | |
| 制单人 | | | | | | | 盘点人（签字） | | | | |

图1-6　盘点单（一）

**表1-7　盘点单填制方法和注意事项（一）**

| | |
|---|---|
| 填制方法 | ①“盘点单号”、“仓库编号”、“库区”、“储位”、“物料编号”、“物料名称”、“规格”、“单位”、“库存数量”等栏，根据案例给定信息填制<br>② 盘点人为实施盘点作业的工作人员，由实际盘点人员签字 |
| 注意事项 | 盘点人员需在盘点作业完成后签字。签字后，意味着该作业人员对本次作业的正确性和作业责任负责 |

**盘点单**

盘点单号：

| 仓库编号 | | | | | | | 制单日期 | | | |
|---|---|---|---|---|---|---|---|---|---|---|
| 物料信息 | | | | | | | | | | |
| 库区 | 储位 | 物料编号 | 物料名称 | 规格 | 单位 | 库存数量 | 实际数量 | 盈亏数量 | 损坏数量 | 备注 |
| | | | | | | | | | | |
| | | | | | | | | | | |
| | | | | | | | | | | |
| 制单人 | | | | | | | 盘点人（签字） | | | |

图1-7　盘点单（二）

表 1-8　盘点单填制方法和注意事项（二）

| | |
|---|---|
| 填制方法 | ①“制单时间”为填制单据时的时间；练习时，以案例中所提供的信息为准<br>②“实际数量”、“盈亏数量”、“损坏数量”均为录入输入状态；字符型；按验收结果填写<br>③“备注”栏用于填写作业过程中出现的需要注明的事项。练习时，若案例中没有涉及，则不填 |
| 注意事项 | ① 实际数量一般为储存于仓库里的货物数量，需实际盘点完成后填写<br>② 盈亏数量是指实际数量与账面数量的差异。实际数量大于账面数量是为“盘盈”，即货物数量多了；实际数量小于账面数量是为“盘亏”，即货物数量少了<br>③ 亏损数量是指货物在仓库储存的过程中由于各种因素的影响致使货物损坏、减少的数量 |

2. 填制移库单

移库单由发货仓库和收货仓库及货物信息等相关栏目组成。移库单的具体结构和主要构成要素如图 1-8 和图 1-9 所示，填制方法和注意事项如表 1-9 和表 1-10 所示。

**移库单**

编号：

| 发货仓库 | | 收货仓库 | | 制单日期 | |
|---|---|---|---|---|---|
| 货物编号 | 货物名称 | 单位 | 请发数量 | 实发数量 | 实收数量 |
| | | | | | |
| | | | | | |
| | | | | | |
| 发货仓库填写 | | | 收货仓库填写 | | |
| 制单人 | | | 收货人 | | |
| 出库人 | | | | | |
| 发货日期 | | | 收货日期 | | |

图 1-8　移库单（一）

表 1-9　移库单填制方法

| | |
|---|---|
| 填制方法 | ①“编号”、“发货仓库”、“收货仓库”、“制单时间”等栏根据实际信息准确填写。练习时，以案例提供的信息为准<br>②“请发数量”栏填写计划移库的货物数量<br>③“实发数量”栏填写实际从发货仓库发往收货仓库的货物数量<br>④“实收数量”栏填写收货仓库收货时实际接收的货物数量 |

## 移库单

编号：

<table>
<tr><td>发货仓库</td><td></td><td>收货仓库</td><td></td><td>制单日期</td><td></td></tr>
<tr><td>货物编号</td><td>货物名称</td><td>单位</td><td>请发数量</td><td>实发数量</td><td>实收数量</td></tr>
<tr><td></td><td></td><td></td><td></td><td></td><td></td></tr>
<tr><td></td><td></td><td></td><td></td><td></td><td></td></tr>
<tr><td></td><td></td><td></td><td></td><td></td><td></td></tr>
<tr><td colspan="3">发货仓库填写</td><td colspan="3">收货仓库填写</td></tr>
<tr><td>制单人</td><td colspan="2"></td><td rowspan="2">收货人</td><td colspan="2" rowspan="2"></td></tr>
<tr><td>出库人</td><td colspan="2"></td></tr>
<tr><td>发货日期</td><td colspan="2"></td><td>收货日期</td><td colspan="2"></td></tr>
</table>

图 1-9　移库单（二）

**表 1-10　移库单填制方法和注意事项**

| | |
|---|---|
| 填制方法 | ① 出库人是指经手货物移库操作的作业人员，须签字<br>② 发货日期是货物从发货仓库离开时的日期，由出库人根据实际情况填写<br>③ 收货人，是指在收货仓库接收移库货物的作业人员，须签字<br>④ 收货日期，是实际接收货物的日期，由收货人根据实际情况填写 |
| 注意事项 | 出库人和收货人签字，意味着签字人需要对货物的收发情况负责，所以要求经手作业人员详细核对移库单和实际货物信息，以免出现差错 |

## 三、任务巩固

1. 根据案例，完成以下制单练习

### 案例 1

王波是上海天宝物流中心仓管员。根据公司日清日结的规定，2012 年 2 月 17 日下班前，王波根据库存对上海市 BLUE 服装有限公司所有货品按库区分别编制了服装 2 区（盘点单号：ST0004005）、服装 3 区（盘点单号：ST0003002）和服装 4 区（盘点单号：ST0003003）的 3 张盘点单，盘点均采用明盘。仓库库存情况如表 1-11 所示。

**表 1-11　仓库库存情况表**

| 库区 | 储位 | 货品编号 | 货品名称 | 规格 | 单位 | 质量状态 | 库存数量 | 批次 | 入库日期 |
|---|---|---|---|---|---|---|---|---|---|
| 服装 2 区 | C01021 | CMS26-991T | BLUE 男士休闲 T 恤 | 10 件/箱 | 箱 | 正常 | 45 | 201102 | 2011-02-01 |
| | C01022 | CMS26-991T | BLUE 男士休闲 T 恤 | 10 件/箱 | 箱 | 正常 | 45 | 201102 | 2011-02-05 |

续表

| 库区 | 储位 | 货品编号 | 货品名称 | 规格 | 单位 | 质量状态 | 库存数量 | 批次 | 入库日期 |
|---|---|---|---|---|---|---|---|---|---|
| 服装2区 | C01023 | CMS10-021Q | BLUE 男士 POLO 衫 | 10 件/箱 | 箱 | 正常 | 40 | 201103 | 2011-03-02 |
| | C01024 | CMS10-021Q | BLUE 男士 POLO 衫 | 10 件/箱 | 箱 | 正常 | 40 | 201101 | 2011-01-04 |
| 服装3区 | C02011 | CMS15-105P | BLUE 男士格子短袖衬衣 | 10 件/箱 | 箱 | 正常 | 40 | 201102 | 2011-02-19 |
| | C02012 | CMS15-105P | BLUE 男士格子短袖衬衣 | 10 件/箱 | 箱 | 正常 | 40 | 201103 | 2011-03-01 |
| | C02021 | NWP49-276T | BLUE 女士雪纺衬衫 | 8 件/箱 | 箱 | 正常 | 45 | 201103 | 2011-03-29 |
| | C02022 | NWP49-276T | BLUE 女士雪纺衬衫 | 8 件/箱 | 箱 | 正常 | 12 | 201102 | 2011-02-14 |
| 服装4区 | C02001 | NWP49-276T | BLUE 女士雪纺衬衫 | 8 件/箱 | 箱 | 正常 | 8 | 201102 | 2011-02-04 |
| | C02002 | NWP49-276T | BLUE 女士雪纺衬衫 | 8 件/箱 | 箱 | 正常 | 45 | 201104 | 2011-04-01 |
| | C07003 | CMS19-429X | BLUE 男士简约休闲西装 | 5 套/箱 | 箱 | 正常 | 20 | 201102 | 2011-02-05 |
| | C08003 | CMS19-429X | BLUE 男士简约休闲西装 | 5 套/箱 | 箱 | 正常 | 20 | 201101 | 2011-01-17 |

服装 2 区的盘点单交给理货组理货员陈晓晓进行盘点。理货员陈晓晓经过盘点发现全部库存准确，并将实际盘点结果在盘点单上进行反馈。

[制单要求]

以上海天宝物流中心仓管员王波的身份为服装 2 区的盘点任务准备盘点单。

### 案例 2

2012 年 11 月 17 日，天津世华物流中心接到天津世华物流中心北京分公司的移库请求。移库请求信息如表 1-12 所示。

表 1-12 移库请求信息表

| 货物编号 | 货物名称 | 单位 | 请求数量 |
| --- | --- | --- | --- |
| XH98765-01 | 彩虹帽-褐色 | 箱 | 12 |
| XH98765-02 | 二指手套-红色 | 箱 | 24 |
| XH98765-03 | 彩虹围巾-红色 | 箱 | 11 |

天津世华物流中心决定从天津仓库（库房名称：天津仓库）移库给北京仓库（库房名称：北京仓库），制单及实际出库作业均由天津仓库丁琪负责。

2012 年 11 月 17 日下午，丁琪编制编号为 YKZYD20120508 的移库单。11 月 18 日上午，丁琪在出库过程中发现彩虹帽-褐色(编号：XH98765-01)实际可用库存数量为 10 箱，经与北京仓库沟通，确认该货物以彩虹帽-粉色（编号：XH98765-07）库存数量进行移库补齐，其他货物均按请求数量移库。丁琪出库完成后根据实际出库情况在移库单上进行反馈。

**[制单要求]**

以天津世华物流中心仓库负责人丁琪的身份为移库任务编制移库单并进行反馈。
（备注：案例选自络捷斯特物流单证软件练习题）

2. 自我评价

学 习 札 记

<table>
<tr><td>单证名称</td><td colspan="4">作用</td></tr>
<tr><td></td><td colspan="4"></td></tr>
<tr><td></td><td colspan="4"></td></tr>
<tr><td></td><td colspan="4"></td></tr>
<tr><td>制单练习</td><td>总分</td><td></td><td>得分</td><td></td></tr>
<tr><td>失分情况</td><td colspan="4"></td></tr>
<tr><td>心得体会</td><td colspan="4"></td></tr>
</table>

# 任务三 填制出库作业单证

【任务描述】

通常情况下，仓库中货物的储存都是为出库而准备的，因此进行出库作业的前提是仓库中有足量的货物储备。货物从仓库中出来并离开仓库的过程中发生的作业就属于出库作业，主要包括出库单的填制、拣货单的填制和货物的拣选。同时，由于各种因素的影响，货物在出库后还会存在客户拒收货物的情况，此时会发生退货作业，也会涉及退货申请单的填制。

通过本任务的训练，学生应达到以下目标：

- 了解出库单、拣货单的单据样式和构成要素；
- 了解出库单、拣货单的作用；
- 掌握出库单、拣货单的填制方法；
- 掌握填制出库单、拣货单的注意事项。

## 一、知识准备

出库作业，是仓库根据业务部门或存货单位开出的货物出库凭证（发货通知单），按其所列商品名称、规格、型号、数量等项目，组织商品出库一系列工作的总称。出库是货物储存阶段的终止，也是仓库作业的最后一个环节，它使仓库工作直接与运输单位和商品使用单位发生联系。因此，做好出库工作对改善仓库经营管理、降低作业成本、提高服务质量具有重要意义。出库作业过程主要包括货物的拣选和对待出库货物的检验，主要涉及以下单证。

### 1. 出库单

出库单是货物出库时使用的单证。出库单的作用是帮助出库作业人员正确核对出库货物信息，帮助企业更加明确出库作业操作责任。

### 2. 拣货单

拣货单是仓库在拣选货物时使用的单证，根据出库单所列信息进行填制。拣货单的作用是帮助拣货作业人员快速、正确地拣取指定数量的货品，提高拣货作业效率；同时，帮助企业明确拣货作业的相关责任。

## 二、任务实施

### 1. 填制出库单

出库单主要包括出库单号、货主信息、货物信息、作业人员信息等信息。出库单的具体结构和主要构成要素如图 1-10 和图 1-11 所示，填制方法和注意事项如表 1-13 和表 1-14 所示。

## 出库单

出库单号：

| 货主名称 | | | | 发货通知单 | | | |
|---|---|---|---|---|---|---|---|
| 收货客户 | | | | 发货日期 | | | |
| 收货地址 | | | | 收货人 | | 收货人电话 | |
| 物料编号 | 物料名称 | 规格 | 单位 | 计划数量 | 实际数量 | 收货人<br>签收数量 | 备注 |
| | | | | | | | |
| | | | | | | | |
| | | | | | | | |
| | | | | | | | |
| 仓管员<br>（签字） | | | 制单人 | | | 收货人<br>（签字） | |

图 1-10　出库单（一）

**表 1-13　出库单填制方法和注意事项（一）**

| | |
|---|---|
| 填制方法 | ①“出库单号”、“货主名称”、“发货通知单号”、“收货客户”、“收货地址”、“收货人”、“收货人电话”、“物料编号”、“物料名称”、“规格”、“单位”等栏根据案例信息填制<br>②“发货通知单”为客户要求出货的单据<br>③“计划数量”为按客户要求出库的数量<br>④“仓管员”、“制单人”等信息均为录入输入状态，根据案例信息填制 |
| 注意事项 | ① 出库单的填制依据应为发货通知单，所以在填制相关信息前应找到货主的发货通知单，只有这样，才能正确地按照货主的要求完成货物的出库任务<br>② 出库单需要填写仓库管理员的姓名，体现了此单的重要性，所以在制单人填写完出库单后，仓管员应对该单据进行审核，以避免不必要的错误和损失 |

## 出库单

出库单号：

| 货主名称 | | | | 发货通知单 | | | |
|---|---|---|---|---|---|---|---|
| 收货客户 | | | | 发货日期 | | | |
| 收货地址 | | | | 收货人 | | 收货人电话 | |
| 物料编号 | 物料名称 | 规格 | 单位 | 计划数量 | 实际数量 | 收货人<br>签收数量 | 备注 |
| | | | | | | | |
| | | | | | | | |
| | | | | | | | |
| | | | | | | | |
| 仓管员<br>（签字） | | | 制单人 | | | 收货人<br>（签字） | |

图 1-11　出库单（二）

表 1-14　出库单填制方法和注意事项（二）

| | |
|---|---|
| 填制方法 | ①“制单时间”为选择输入状态，内容必须完全以案例中所提供的信息为准<br>②“实际数量、“收货人签收数量”、“收货人”等栏，因没有完成出库作业，所以不填<br>③“备注”等栏，若案例中没有涉及，不填 |
| 注意事项 | ①“实际数量”为出库作业人员在进行货物出库时清点的货物数量，必须在实际清点后填写<br>②“收货人签收数量”为货物送达收货人处后，与收货人共同清点的货物数量，同时收货人也需检查货物数量是否正确、质量是否完好<br>③“收货人”为签收货物的人员，该人员签字，意味着送货作业的完成，也意味着该收货人员需要对该批货物的数量和质量负责 |

2. 填制拣货单

拣货单由作业单号、物料信息、作业人员信息等项目构成。拣货单的具体结构和主要构成要素如图 1-12 和图 1-13 所示，填制方法和注意事项如表 1-15 和表 1-16 所示。

拣货单

作业单号：

| 货主名称 | | | | | | 出库单号 | | | |
|---|---|---|---|---|---|---|---|---|---|
| 仓库编号 | | | | | | 制单日期 | | | |
| 物料明细 | | | | | | | | | |
| 序号 | 库区 | 储位 | 物料编号 | 物料名称 | 规格 | 单位 | 应拣数量 | 实拣数量 | 备注 |
| | | | | | | | | | |
| | | | | | | | | | |
| | | | | | | | | | |
| | | | | | | | | | |
| 制单人 | | | | | | 拣货人（签字） | | | |

图 1-12　拣货单（一）

表 1-15　拣货单填制方法和注意事项（一）

| | |
|---|---|
| 填制方法 | ①“作业单号”、“货主名称”、“出库单号”、“出库编号”、“库区”、“储位”、“货品编号”、“货品名称”、“规格”、“单位”等栏，根据案例给定信息填制<br>②“制单人”为制作该单证的工作人员；练习时则根据案例中的“制单要求”所列信息填制 |
| 注意事项 | 选择拣货货品时，应注意该类货品的入库时间及出库规则。如先入先出，即入库时间早的货物要先出库，入库时间迟的货物后出库。这种出库规则可以最大程度保障货物在有效的保质期内 |

## 拣货单

作业单号：

| 货主名称 | | | | | | 出库单号 | | | |
|---|---|---|---|---|---|---|---|---|---|
| 仓库编号 | | | | | | 制单日期 | | | |
| 物料明细 | | | | | | | | | |
| 序号 | 库区 | 储位 | 物料编号 | 物料名称 | 规格 | 单位 | 应拣数量 | 实拣数量 | 备注 |
| | | | | | | | | | |
| | | | | | | | | | |
| | | | | | | | | | |
| | | | | | | | | | |
| 制单人 | | | | | | 拣货人（签字） | | | |

图 1-13　拣货单（二）

**表 1-16　拣货单填制方法和注意事项（二）**

| | |
|---|---|
| 填制方法 | ①“制单时间”为选择输入状态，内容必须完全以案例中所提供的信息为准<br>②“应拣数量”为计划拣货数量，由制单人填制<br>③“实拣数量”为实际能够拣出货物，由拣货人根据实际拣货结果填制<br>④“备注”等信息，若案例中没有涉及，不填<br>⑤“拣货人”为实施拣货作业的工作人员，由实际拣货人员签字 |
| 注意事项 | ① 填写“应拣数量”栏时，须注意该货品在对应货位上的数量。若不够计划数量，则需要根据出库规则选取该货品在其他货位上的存货，直至达到计划数量<br>② 填写“实拣数量”栏时，可能出现实际数量少于应拣数量的情况，此时需要在对应货物的备注栏内填写相关说明<br>③ 拣货人员需在作业完成后签字。签字后，意味着该作业人员对本次作业的正确性负责 |

## 三、任务巩固

1. 根据案例，完成以下制单练习

2012 年 2 月 16 日，上海天宝物流中心的订单中心的计划员韩宇收到来自货主上海市 BLUE 服装有限公司的发货通知单，发货通知单信息如表 1-17 所示。

表 1-17 上海市 BLUE 服装有限公司发货通知单

<table>
<tr><td colspan="8">上海市 BLUE 服装有限公司<br>发货通知单</td></tr>
<tr><td colspan="8">发货通知单号：ASN201104160007<br>收货客户：上海新世界百货有限公司　　收货地址：上海市福田区梅华路 300 号<br>收货人：魏涛　　收货人电话：(020)89890012<br>发货日期：2012 年 02 月 17 日　　发货仓库：上海天宝物流中心<br>仓库地址：上海市宝安区石岩物流园 299 号　　仓库类别：第三方物流仓库<br>仓库联系人：韩宇　　仓库电话：(020)89430128</td></tr>
<tr><td>序号</td><td>货品编号</td><td>货品名称</td><td>规格</td><td>单位</td><td>计划数量</td><td>实际数量</td><td>备注</td></tr>
<tr><td>1</td><td>CMS15-105P</td><td>BLUE 男士格子短袖衬衣</td><td>10 件/箱</td><td>箱</td><td>30</td><td></td><td></td></tr>
<tr><td>2</td><td>NWP49-276T</td><td>BLUE 女士雪纺衬衫</td><td>8 件/箱</td><td>箱</td><td>20</td><td></td><td></td></tr>
<tr><td>3</td><td>CMS19-429X</td><td>BLUE 男士简约休闲西装</td><td>5 套/箱</td><td>箱</td><td>10</td><td></td><td></td></tr>
<tr><td></td><td></td><td></td><td></td><td>合计</td><td>60</td><td></td><td></td></tr>
<tr><td colspan="8">制单人：严明　　审核人：徐静　　第 1 页 共 1 页</td></tr>
</table>

韩宇将发货通知单交接给仓储部专门负责上海市 BLUE 服装有限公司货品的仓管员王波，王波首先根据发货通知单查询库存情况，上海市 BLUE 服装有限公司所有货品都存放在编号为 KF009 的仓库，该货主的所有货品的库存情况如表 2-18 所示。

表 1-18 上海市 BLUE 服装有限公司的库存情况

| 库区 | 储位 | 货品编号 | 货品名称 | 规格 | 单位 | 质量状态 | 库存数量 | 批次 | 入库日期 |
|---|---|---|---|---|---|---|---|---|---|
| 服装 2 区 | C01021 | CMS26-991T | BLUE 男士休闲 T 恤 | 10 件/箱 | 箱 | 正常 | 45 | 201102 | 2011-02-01 |
| | C01022 | CMS26-991T | BLUE 男士休闲 T 恤 | 10 件/箱 | 箱 | 正常 | 45 | 201102 | 2011-02-05 |
| | C01023 | CMS10-021Q | BLUE 男士 POLO 衫 | 10 件/箱 | 箱 | 正常 | 40 | 201103 | 2011-03-02 |

续表

| 库区 | 储位 | 货品编号 | 货品名称 | 规格 | 单位 | 质量状态 | 库存数量 | 批次 | 入库日期 |
|---|---|---|---|---|---|---|---|---|---|
| 服装2区 | C01024 | CMS10-021Q | BLUE 男士 POLO 衫 | 10 件/箱 | 箱 | 正常 | 40 | 201101 | 2011-01-04 |
| 服装3区 | C02011 | CMS15-105P | BLUE 男士格子短袖衬衣 | 10 件/箱 | 箱 | 正常 | 40 | 201102 | 2011-02-19 |
| | C02012 | CMS15-105P | BLUE 男士格子短袖衬衣 | 10 件/箱 | 箱 | 正常 | 40 | 201103 | 2011-03-01 |
| | C02021 | NWP49-276T | BLUE 女士雪纺衬衫 | 8 件/箱 | 箱 | 正常 | 45 | 201103 | 2011-03-29 |
| | C02022 | NWP49-276T | BLUE 女士雪纺衬衫 | 8 件/箱 | 箱 | 正常 | 12 | 201102 | 2011-02-14 |
| 服装4区 | C02001 | NWP49-276T | BLUE 女士雪纺衬衫 | 8 件/箱 | 箱 | 正常 | 8 | 201102 | 2011-02-04 |
| | C02002 | NWP49-276T | BLUE 女士雪纺衬衫 | 8 件/箱 | 箱 | 正常 | 45 | 201104 | 2011-04-01 |
| | C07003 | CMS19-429X | BLUE 男士简约休闲西装 | 5 套/箱 | 箱 | 正常 | 20 | 201102 | 2011-02-05 |
| | C08003 | CMS19-429X | BLUE 男士简约休闲西装 | 5 套/箱 | 箱 | 正常 | 20 | 201101 | 2011-01-17 |

仓管员王波根据库存信息和按入库日期先入先出的出库规则，于 2012 年 2 月 17 日编制了出库单号为 OC20110417107 的出库单和作业单号为 PK2011040016 的拣货单，其中拣货单交给拣货组拣货员姜伟平进行拣货作业。当天下午，拣货员姜伟平按拣货单完成所有的拣货作业并根据拣货情况对拣货单进行反馈，所需货品没有出现库存不足等异常的情况。

仓管员王波根据发货通知单和实际的拣货情况对出库单进行完成作业后的反馈，于当天下午把出库单和出库的货品一起交给配送部，由配送部进行配送。

**[制单要求]**

1）以上海天宝物流中心仓管员王波的身份为拣货任务准备拣货单。

2）以上海天宝物流中心仓管员王波的身份为出库任务准备出库单。
（备注：本案例选自络捷斯特物流单证软件练习题）

2. 自我评价

### 学 习 札 记

| 单证名称 | 作用 | | | |
|---|---|---|---|---|
| | | | | |
| | | | | |
| | | | | |
| 制单练习 | 总分 | | 得分 | |
| 失分情况 | | | | |
| 心得体会 | | | | |

## 模 块小　结

本模块主要介绍了仓储出入库作业及货物在库管理所涉及的入库单、储位分配单、盘点单、移库单、出库单、拣货单和退货申请单等仓储单证。在阐述各单证作用的基础上，对这些单证的填制方法进行详细的说明。此外，在每个制单说明之后附上编者在教学中总结出的注意事项，以供学生参考。这些注意事项往往是学生在练习时容易忽略、容易出错的地方。

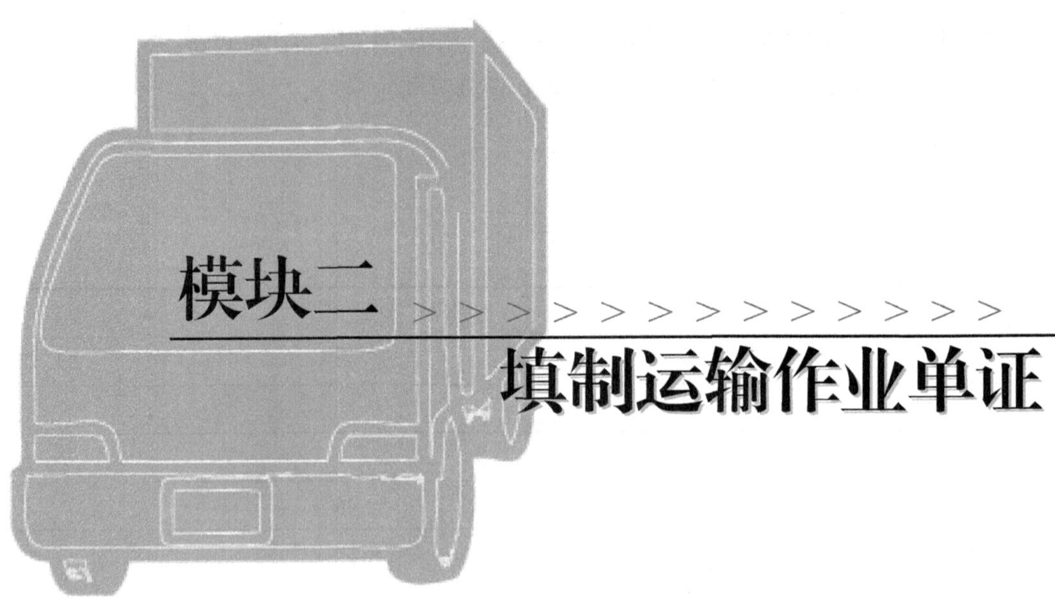

# 模块二 填制运输作业单证

【概述】

物流中的运输专指“物”的载运及输送。它是在不同地域范围间（如两个城市或两个工厂之间，或一大企业内相距较远的两车之间），以改变“物”的空间位置为目的的活动，是对“物”进行的空间位移。

货物的空间移动需要进行合理的规划，以便货物在各个运输节点上能正常交接，并能顺利到达目的地。这就需要借助物流运输单证的计划和辅助功能。

本模块主要介绍运输作业相关单证的填制方法及注意事项。

【学习目标】

- 了解公路运输所涉及的主要单证；
- 熟悉公路货物运输的主要流程；
- 掌握公路运输相关单证的填制方法和注意事项。

【主要单证】

公路货物运单　运输计划　集货单　货物运输交接单　残损记录表

# 任务一　填制公路货物运单

【任务描述】

公路货物运单是公路货物运输作业中最主要的单证之一，正确填写公路货物运单对提高公路货物运输的正确性和有效性具有十分重要的意义。

此外，公路货物运单所涉及的内容较多也比较复杂，若不仔细填写很容易出错。因此，公路货物运单需要学生认真学习填制方法并掌握相关注意事项，降低填制出错的可能性，真正掌握该单证的填制方法。

通过本任务的训练，学生应达到以下目标：

- 熟悉公路货物运单的单据构成要素；
- 了解公路货物运单配单的作用；
- 掌握公路货物运单的填制方法；
- 掌握填制公路货物运单的注意事项。

## 一、知识准备

公路货物运单（见图 2-1）是公路货物运输及运输代理的合同凭证，是运输经营者接受货物并在运输期间负责保管和据以交付的凭据，也是记录车辆运行和行业统计的原始凭证。积累公路货物运单的信息也能帮助企业对货物的取派线路进行更好的规划，从而提高运输企业的经济效益。

公路货物运单的作用包括：①详细记录货物从始发站到终点站的运输过程中所必需的相关信息；②为运输人员实施运输作业提供依据。

## 二、任务实施

公路货物运单完整样单包含很多信息，容易造成认知上的混乱，故对公路货物运单作分块处理，并分别说明填制方法和注意事项。

图 2-2 所示内容为托运人信息和收货人信息。该部分的填制方法和注意事项如表 2-1 所示。

**公路货物运单**

运单号码

| 托运人姓名 | | 电话 | | | 收货人姓名 | | 电话 | |
|---|---|---|---|---|---|---|---|---|
| 单位 | | | | | 单位 | | | |
| 托运人详细地址 | | | | | 收货人详细地址 | | | |
| 托运人账号 | | 邮编 | | | 收货人账号 | | 邮编 | |
| 取货地联系人姓名 | | 单位 | | | 送货地联系人姓名 | | 单位 | |
| 电话 | | 邮编 | | | 电话 | | 邮编 | |
| 取货地详细地址 | | | | | 送货地详细地址 | | | |
| 始发站 | | 目的站 | | | 起运日期 | | 要求到货日期 | |
| 运距 | 公里 | 全行程 | | 公里 | 是否取送 | | 是否要求回执 | |
| 路由 | | | | | □取货 | □送货 | □否□运单□客户单据 | |
| 货物名称 | 包装方式 | 件数 | 计费重量（kg） | 体积（M³） | 取货人签字： | | | |
| | | | | | 签字时间 | | | |
| | | | | | 托运人或代理人签字或盖章： | | | |
| | | | | | 实际发货件数 | | | 件 |
| | | | | | 签字时间 | | | |
| | | | | | 收货人或代理人签字或盖章： | | | |
| 合计 | | | | | 实际发货件数 | | | 件 |
| 收费项 | 运费 | 取/送货费 | 杂费 | 费用小计 | 签字时间 | | | |
| 费用金额（元） | | | | | 送货人签字： | | | |
| 客户投保声明 | □不投保 | | □投保 | | 签字时间 | | | |
| | 投保金额 | 元 | 保险费 | 元 | 备注： | | | |
| 运杂费合计（大写） | 万 仟 | 佰 | 拾 元 | 角 | | | | |
| 结算方式<br>□现结 □月结 □预付款　　元<br>□到付　　付费账号 | | | | | | | | |
| 制单人 | | 受理日期 | | | 受理单位 | | | |

填写本运单前，请务必阅读背书条款，您的签名意味着您理解并接受背书条款。

图 2-1　公路货物运单完整样单

**公路货物运单**

| 运单号码 | | | | | | | | | | | |
|---|---|---|---|---|---|---|---|---|---|---|---|
| 托运人姓名 | | 电话 | | 收货人姓名 | | | | 电话 | | | |
| 单位 | | | | 单位 | | | | | | | |
| 托运人详细地址 | | | | 收货人详细地址 | | | | | | | |
| 托运人账号 | | 邮编 | | 收货人账号 | | | | 邮编 | | | |
| 取货地联系人姓名 | | 单位 | | 送货地联系人姓名 | | | | 单位 | | | |
| 电话 | | 邮编 | | 电话 | | | | 邮编 | | | |
| 取货地详细地址 | | | | 送货地详细地址 | | | | | | | |
| 始发站 | | 目的站 | | 起运日期 | 年 | 月 | 日 | 时 | 要求到货日期 | 年 月 日 | 时 |
| 运距 | 公里 | 全行程 | 公里 | 是否取送 | | | | 是否要求回执 | | | |
| 路由 | | | | 取货 | 送货 | 否 | | 运单 | | 客户单据 | |
| 货物名称 | 包装方式 | 件数 | 计费重量（kg） | 体积（$M^3$） | 取货人签字： | | | | | | |
| | | | | | 年 | 月 | 日 | 时 | | 分 | |
| | | | | | 托运人或代理人签字或盖章： | | | | | | |
| | | | | | 实际发货件数 | | | | | 件 | |
| | | | | | 年 | 月 | 日 | 时 | | 分 | |

图 2-2　公路货物运单（一）

**表 2-1　公路货物运单填制方法和注意事项（一）**

| | |
|---|---|
| 填制方法 | ① “托运人姓名”、“电话”、“单位”、“托运人详细地址”、“邮编”等栏分别填写托运人的联系人姓名、电话、托运人的单位名称、托运人的地址、托运人的邮编<br>② “托运人账号”栏：若结算方式为托运人月结的，必须填写有效的托运人账号；其他情况的，该栏目为空<br>③ “取货地联系人姓名”、“电话”、“单位”、“取货地详细地址”、“邮编”等栏分别填写取货地的联系人姓名、电话、取货地的单位名称、取货地的地址、取货地的邮编<br>④ 收货人信息填制方法可参照上述规则 |
| 注意事项 | ① 托运人和取货地联系人的信息有时是相同的，但也有可能是不同的，如货物所在的位置不在托运人所在的地址<br>② 托运信息须准确填写，以免货物无法送达指定地点时，无法退回给托运人 |

图 2-3 所示栏目包括货物运输地理信息及运输里程的计算。该部分内容的填制方法和注意事项如表 2-2 所示。

**公路货物运单**

| 运单号码 | | | | | | | | | |
|---|---|---|---|---|---|---|---|---|---|
| 托运人姓名 | | 电话 | | 收货人姓名 | | | | 电话 | |
| 单位 | | | | 单位 | | | | | |
| 托运人详细地址 | | | | 收货人详细地址 | | | | | |
| 托运人账号 | | 邮编 | | 收货人账号 | | | | 邮编 | |
| 取货地联系人姓名 | | 单位 | | 送货地联系人姓名 | | | | 单位 | |
| 电话 | | 邮编 | | 电话 | | | | 邮编 | |
| 取货地详细地址 | | | | 送货地详细地址 | | | | | |
| 始发站 | | 目的站 | | 起运日期 | 年 月 日 时 | | 要求到货日期 | 年 月 日 时 | |
| 运距 | 公里 | 全行程 | 公里 | 是否取送 | | | 是否要求回执 | | |
| 路由 | | | | 取货 | | 送货 | 否 | 运单 | 客户单据 |
| 货物名称 | 包装方式 | 件数 | 计费重量（kg） | 体积（m³） | 取货人签字： | | | | |
| | | | | | 年 | 月 | 日 | 时 | 分 |
| | | | | | 托运人或代理人签字或盖章： | | | | |
| | | | | | 实际发货件数 | | | | 件 |
| | | | | | 年 | 月 | 日 | 时 | 分 |

图 2-3 公路货物运单（二）

**表 2-2 公路货物运单填制方法和注意事项（二）**

| | |
|---|---|
| 填制方法 | ①“始发站”、“目的站”等栏应填写城市名称，如杭州、宁波、温州等<br>②“运距”、“全行程”等栏应填写始发站到目的站的公路里程<br>③ 路由为运输从始发站出发到到达目的站经过各个站点所形成的线路；“路由”栏填写货物的行走路线，按以下格式填写：<br>a. 不需要中转（不更换运输工具）的运单：始发站—目的站，如北京—广州<br>b. 需要中转（更换运输工具）的运单：始发站—中转站—目的站，如北京—武汉—广州<br>④“计费重量”、“体积”栏填写货物的实际总重量、实际总体积 |
| 注意事项 | 1）由于目前公路运输行业尚没有形成统一形式的公路货物运单，所以始发站和目的站的填制方法和形式会有所不同，对于实操中的运单填制，应注意借鉴和辨别<br>2）运距和全行程的填写以公里为单位，并且不需要填写单位，只需填写相应的距离数字<br>3）计费重量和体积的填写正确与否直接影响着运费的生成 |

图 2-4 所示栏目为货主对运输作业在时间方面和作业内容方面的要求。这些信息的正确填写有助于运输企业更好地完成运输任务。该部分内容的填制方法和注意事项如表 2-3 所示。

**公路货物运单**

| 运单号码 | | | | | | | | | |
|---|---|---|---|---|---|---|---|---|---|
| 托运人姓名 | | 电话 | | 收货人姓名 | | 电话 | | | |
| 单位 | | | | 单位 | | | | | |
| 托运人详细地址 | | | | 收货人详细地址 | | | | | |
| 托运人账号 | | 邮编 | | 收货人账号 | | 邮编 | | | |
| 取货地联系人姓名 | | 单位 | | 送货地联系人姓名 | | 单位 | | | |
| 电话 | | 邮编 | | 电话 | | 邮编 | | | |
| 取货地详细地址 | | | | 送货地详细地址 | | | | | |
| 始发站 | | 目的站 | | 起运日期 | 年 | 月 | 日 | 时 | 要求到货日期 年 月 日 时 |
| 运距 | 公里 | 全行程 | 公里 | 是否取送 | | | 是否要求回执 | | |
| 路由 | | | | 取货 | | 送货 | 否 | 运单 | 客户单据 |
| 货物名称 | 包装方式 | 件数 | 计费重量（kg） | 体积（M³） | 取货人签字： | | | | |
| | | | | | 年 | 月 | 日 | 时 | 分 |
| | | | | | 托运人或代理人签字或盖章： | | | | |
| | | | | | 实际发货件数 | | | | 件 |
| | | | | | 年 | 月 | 日 | 时 | 分 |

图 2-4 公路货物运单（三）

**表 2-3 公路货物运单填制方法和注意事项（三）**

| | |
|---|---|
| 填制方法 | ①“起运日期”栏：需要取货的运单填写取货时间，否则填写托运人自行送站时间<br>② 要求到货时间为托运人要求货物运抵制定地点的时间<br>③ 是否取货：若承运公司派作业人员到货主处取货，则在“取货”处填写“是”或打钩；若是货主自己送货，则在“送货”处填写“是”或打钩 |
| 注意事项 | 此处所填的起运日期为货主托运货物时的日期，而不是货物出站开始运输的日期。在填写时，须注意区分不同的时间点 |

图 2-5 所示栏目为货物运输费用相关内容和制单备案信息。这些信息的正确填写有助于运输企业与货主单元就运输费用与法律关系达成一致。该部分内容的填制方法和注意事项如表 2-4 所示。

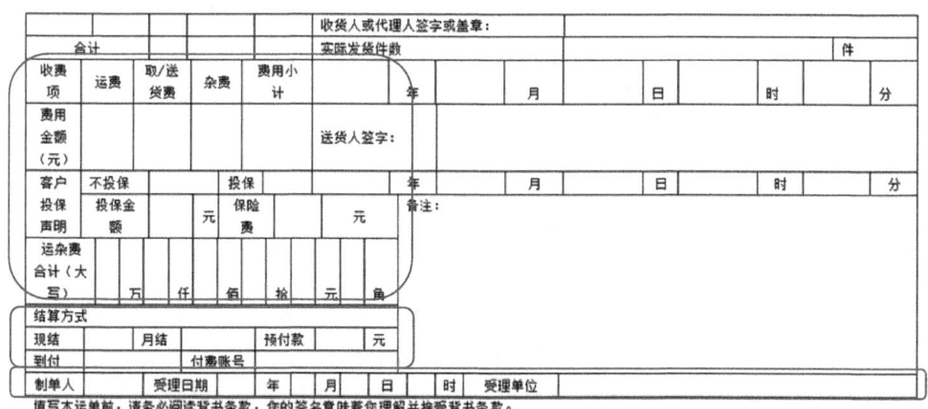

| | | | | | 收货人或代理人签字或盖章： | | | | | |
|---|---|---|---|---|---|---|---|---|---|---|
| 合计 | | | | | 实际发货件数 | | | | | 件 |
| 收费项 | 运费 | 取/送货费 | 杂费 | 费用小计 | | 年 | 月 | 日 | 时 | 分 |
| 费用金额（元） | | | | | 送货人签字： | | | | | |
| 客户投保声明 | 不投保 | | 投保 | | | 年 | 月 | 日 | 时 | 分 |
| | 投保金额 | 元 | 保险费 | 元 | 备注： | | | | | |
| 运杂费合计（大写） | 万 | 仟 | 佰 | 拾 | 元 | 角 | | | | |
| 结算方式 | | | | | | | | | | |
| 现结 | | 月结 | | 预付款 | 元 | | | | | |
| 到付 | | 付费账号 | | | | | | | | |
| 制单人 | | 受理日期 | 年 | 月 | 日 | 时 | 受理单位 | | | |

填写本运单前，请务必阅读背书条款，您的签名意味着您理解并接受背书条款。

图 2-5 公路货物运单（四）

表 2-4 公路货物运单填制方法和注意事项（四）

| | |
|---|---|
| 填制方法 | 1）“运费”栏：根据案例中的运费计算公式计算后填写<br>2）“费用小计”栏：填写运费、取/送货费、杂费的合计数<br>3）“运杂费合计”栏：填写费用小计、保险费的合计数<br>4）结算方式有月结、现结、预付款等，根据案例信息选择运费结算方式，若为现结，则在“现结”处填写“是”或打钩；若为月结，则在“月结”处填写“是”或打钩；若为预付部分款，则在“预付款”处填写预付金额<br>5）“付费账号”栏：若无明确说明，则此处略填<br>6）“制单人”栏：填写初次填写单据的工作人员。一般为承运人处工作人员<br>7）“受理单位”栏：填写制单人所在工作单位名称。一般为承运人单位名称 |
| 注意事项 | 1）计算运费时要注意判断货物是重货还是轻泡货，重货按货物的总重量计费，而轻泡货则按货物的总体积计费<br>2）“运杂费合计”栏要填写大写数字：壹（1）、贰（2）、叁（3）、肆（4）、伍（5）、陆（6）、柒（7）、捌（8）、玖（9）、拾（10） |

## 三、任务巩固

1. 根据案例，完成以下制单练习

2011 年 11 月 9 日 10 时，路通物流有限公司（以下简称“路通”）北京站客服刘华收到一份带有客户签章的发运计划，具体内容如表 2-5 所示。

表 2-5 北京嘉顺地毯有限公司发运计划表

| 托运单号 | YD4610000004911 | 托运人编号：PHKH1301 |
|---|---|---|
| 托运人 | 北京嘉顺地毯有限公司（联系人：李丽（经理）；联系电话：010-64351003，地址：北京市丰台区丰台北路 1 号；邮编：100000） | |
| 包装方式： | 纸箱 | |
| 货物详情 | 货物名称：地毯；数量：40 件；总重量：2100kg；总体积：11m$^3$ | |
| 收货人 | 北京嘉顺地毯沈阳办事处（联系人：钱春；联系电话：024-32315618，地址：沈阳市和平区文艺路 23 号；邮编：110000） | |
| 托运要求 | ① 要求上门取货和送货，取货地联系信息与托运人联系信息相同，送货地联系信息与收货人联系信息相同<br>② 要求 2011 年 11 月 14 日 17 时之前送到目的地<br>③ 凭客户签字的运单作为回执 | |
| 结算 | ① 结算方式：现结<br>② 此批货物为轻泡货，运费计算公式为立方米公里运价×运距×总体积<br>③ 不收取取货和送货费用，无其他杂费 | |
| 投保 | 货物需要投保，投保金额为 100 000 元，保险费率为货值的 1%，保险公司为中华保险公司，路通北京站钱福明负责此项目 | |

当天 10 时 15 分，刘华还收到另一位客户的发运计划，具体内容如表 2-6 所示。

表 2-6 北京恒昌商贸有限公司发运计划

| 托运单号 | YD4610000004912 | 托运人编号：PHKH1302 |
|---|---|---|
| 托运人 | 北京恒昌商贸有限公司（联系人：蔡司；联系电话：010-56358901，地址：北京市通州区通马路 39 号；邮编：101100） | |
| 包装方式 | 纸箱 | |
| 货物详情 | 货物名称：保暖内衣；数量：250 件；总重量：3700kg；总体积：$18m^3$ | |
| 收货人 | 北京恒昌商贸有限公司哈尔滨办事处（联系人：君玉；联系电话：0451-84356561，地址：哈尔滨市松北区世贸大道 17 号；邮编：150000） | |
| 托运要求 | ① 要求上门取货和送货，取货地联系信息与托运人联系信息相同，送货地联系信息与收货人联系信息相同<br>② 要求 2011 年 11 月 13 日 17 时之前送到目的地<br>③ 凭客户签字的运单作为回执 | |
| 结算 | ① 结算方式：月结<br>② 此批货物为轻泡货，运费计算公式为立方米公里运价×运距×总体积<br>③ 取货和送货费用为 200 元，无其他杂费 | |
| 投保 | 此批货物不投保 | |

客服刘华在审核完这两个客户的业务申请后，将订单提交给调度程润进行操作。

11 月 9 日 11 时，调度程润根据车辆、作业等情况，编制计划单号为 YSJH4900033 的运输计划，该运输计划包含托运单号为 YD4610000004911、YD4610000004912 的两张托运单内的全部货物的运送。

同时，调度程润根据作业路线等情况编制了这两批货物的取货通知单，单号为 QHTZ4900021，要求货运员 11 月 9 日 12 时从公司出发，18 时前返回，按托运单号顺序取货（1YD4610000004911；YD4610000004912），并安排货运员蒋玉执行该取货作业。

11 月 9 日 13 时，货运员蒋玉到取货地收取托运单号 0YD4610000004911 的货物，点验所托运货物，查无包装及数量等异常后，填制运单号为 YD4610000004911 的公路货物运单，并请托运人核对运单信息，并在运单“托运人签字”栏中签字确认。

11 月 9 日 15:30 时，货运员蒋玉到取货地收取托运单号 YD4610000004912 的货物，点验所托运货物，查无包装及数量等异常后，填制运单号为 YD4610000004912 的公路货物运单，并请托运人核对运单信息，并在运单“托运人签字”栏中签字确认。

11 月 9 日 17 时，货运员蒋玉回到公司，并告知调度程润完成集货作业，无异常情况。

货物于 2011 年 11 月 10 日 7 时在北京站装车，装卸员林南宇负责装车作业。

预计于 2011 年 11 月 10 日 9 时发车出北京站，2011 年 11 月 10 日 23 时到达沈阳站。货物到达沈阳后，托运单号为 YD4610000004911 的货物顺利完成卸车，然后不更换运输车辆，预计于 2011 年 11 月 11 日 6 时从沈阳站出发，2011 年 11 月 11 日 16 时到达哈尔滨站。

其他事项如下：

1）从北京到沈阳的轻泡货物的立方米公里运价为 0.6 元/（$m^3$·km），重货运价为 0.75 元/（t·km）；北京到哈尔滨的轻泡货物的立方米公里运价为 0.7 元/（$m^3$·km），重货运价为 0.95 元/（t·km）。

2）公司现有运力资源如表 2-7 所示。

**表 2-7　运力资源表**

| 姓名 | 车牌号 | 联系方式 | 货厢尺寸（长×宽×高，m） | 车容（$m^3$） | 核载（t） | 货厢类型 | 运作线路 |
|---|---|---|---|---|---|---|---|
| 刘大成 | 京 G·939×× | 1300009×××× | 4.2×1.8×1.9 | 12 | 3 | 全厢 | 市内取货 |
| 蒋玉 | 京 G·874×× | 1398999×××× | 7.2×2.3×2.5 | 35 | 10 | 全厢 | 市内取货 |
| 王文贵 | 京 A·905×× | 1328880×××× | 4.2×1.8×1.9 | 12 | 3 | 全厢 | 北京—哈尔滨 |
| 王广云 | 京 A·610×× | 1353997×××× | 5.2×2.15×2.3 | 22 | 6.5 | 全厢 | 北京—哈尔滨 |
| 段其成 | 京 G·607×× | 1376072×××× | 7.2×2.3×2.5 | 35 | 10 | 全厢 | 北京—哈尔滨 |

3）北京至哈尔滨行驶路线：北京—沈阳—哈尔滨。

4）全国（部分）主要城市间公路里程参照表（表 2-8）。

**表 2-8　部分城市间公路里程参照表**（单位：元）

| 北京 | 北京 | | | | | |
|---|---|---|---|---|---|---|
| 天津 | 118 | 天津 | | | | |
| 锦州 | 483 | 470 | 锦州 | | | |
| 沈阳 | 717 | 704 | 234 | 沈阳 | | |
| 长春 | 1032 | 1019 | 549 | 315 | 长春 | |
| 哈尔滨 | 1392 | 1726 | 909 | 675 | 360 | 哈尔滨 |

**[制单要求]**

以货运员蒋玉的身份制作运单号为 YD4610000004911 的公路货物运单。

（备注：案例选自络捷斯特物流单证软件练习题）

2. 自我评价

学 习 札 记

| 单证名称 | 作用 | | | |
| --- | --- | --- | --- | --- |
| | | | | |
| | | | | |
| | | | | |
| 制单练习 | 总分 | | 得分 | |
| 失分情况 | | | | |
| 心得体会 | | | | |

# 任务二 填制取货通知单、运输计划

**【任务描述】**

运输公司在承接货主的运输任务之后，要按照货主的要求在规定的时间内把货物完好地从一个指定地点运送到另一指定地点。因此，运输公司首先要对托运的货物进行规划，从而使运输作业能保质保量地完成。要达到这个目标，需要有取货通知单和运输计划作为支撑。下面将介绍填制取货通知单和运输计划。

通过本任务的训练，学生应达到以下目标:

- 熟悉取货通知单和运输计划的单据构成要素;
- 了解取货通知单和运输计划的作用;
- 掌握取货通知单和运输计划的填制方法;
- 掌握填制取货通知单和运输计划的注意事项。

## 一、知识准备

运输作业进行过程中使用的主要单证有以下几种。

1. 取货通知单

一般情况下，当货主要求运输企业到货物储存地提取待运输货物时，就需要使用取货通知单。取货通知单是用于记录各项发货人及其货物信息的单证，一般用于运输企业内部，指导取货作业人员进行取货作业。当然，上门取货一般要收取额外的费用。

另一种情况就是，如果货主自行将待运货物运送到运输企业托运，就不需要使用取货通知单了，同时货主也不用向运输企业支付额外的费用。

取货通知单的作用是帮助取货作业人员准确到达指定托运人地点提取相应托运货物，并以此单证为依据进行货物的检查验收，便于作业人员及时完成企业指派的取货作业任务。

### 2. 运输计划

货物运输计划是货物运输有关事宜的具体安排，有时也可以作为托运人与承运人之间的货物运输合同。运输计划详细罗列各个站点货物的信息、负责货物运输的责任人信息，以及车辆的各个预计出发、到达时间。

运输计划的作用包括：①能够帮助运输作业人员正确地将货物送达指定地点或指定收货人，使运输作业更加顺利地进行；②可作为托运人和承运人委托关系成立的依据；③能帮助企业理清在运输作业过程中的责任关系。

## 二、任务实施

### 1. 填制取货通知单

取货通知单包括取货任务信息、货主信息及货物信息。取货通知单的具体结构和主要构成要素如图 2-6 和图 2-7 所示，填制方法和注意事项如表 2-9 和表 2-10 所示。

**取货通知单**

| 单号 | | | |
|---|---|---|---|
| 货运员 | | 出发时间 | |
| 车牌号 | | 返回时间 | |

| 客户信息 | | | | | | |
|---|---|---|---|---|---|---|
| 顺序 | 托运单号 | 托运人 | 地址 | 电话 | 姓名 | 邮编 |
| 1 | | | | | | |
| 2 | | | | | | |

| 货物信息 | | | | | |
|---|---|---|---|---|---|
| 托运单号 | 货物名称 | 件数（件） | 重量（kg） | 体积（$m^3$） | 包装方式 |
| | | | | | |
| | | | | | |

| 总数量 | | 件 | 总重量 | | kg | 总体积 | | $m^3$ |
|---|---|---|---|---|---|---|---|---|
| 填表人 | | | | 填表时间 | | | | |

图 2-6　取货通知单（一）

表 2-9 取货通知单填制方法和注意事项（一）

| | |
|---|---|
| 填制方法 | ①“单号”栏：填写取货通知单号<br>②“货运员”、“车牌号”栏：根据实际运力资源情况填写<br>③“出发时间”、“返回时间”栏：分别填写调度要求作业时间，选择输入状态<br>④“托运单号”栏：按调度要求取货顺序依次填写所承运货物的运单号码<br>⑤“托运人”、“地址”、“电话”、“姓名”、“邮编”栏：分别填写与托运单号对应的托运人单位、地址、电话、姓名、邮编 |
| 注意事项 | “客户信息”栏必须正确、详细地填写，以便取货作业人员准确找到相应托运人并及时取货 |

## 取货通知单

<table>
<tr><td colspan="2">单号</td><td colspan="9"></td></tr>
<tr><td colspan="2">货运员</td><td colspan="4"></td><td colspan="2">出发时间</td><td colspan="3"></td></tr>
<tr><td colspan="2">车牌号</td><td colspan="4"></td><td colspan="2">返回时间</td><td colspan="3"></td></tr>
<tr><td colspan="11">客户信息</td></tr>
<tr><td>顺序</td><td colspan="2">托运单号</td><td colspan="2">托运人</td><td colspan="3">地址</td><td>电话</td><td>姓名</td><td>邮编</td></tr>
<tr><td>1</td><td colspan="2"></td><td colspan="2"></td><td colspan="3"></td><td></td><td></td><td></td></tr>
<tr><td>2</td><td colspan="2"></td><td colspan="2"></td><td colspan="3"></td><td></td><td></td><td></td></tr>
<tr><td colspan="11">货物信息</td></tr>
<tr><td colspan="2">托运单号</td><td colspan="2">货物名称</td><td colspan="2">件数（件）</td><td colspan="2">重量（kg）</td><td>体积（m³）</td><td colspan="2">包装方式</td></tr>
<tr><td colspan="2"></td><td colspan="2"></td><td colspan="2"></td><td colspan="2"></td><td></td><td colspan="2"></td></tr>
<tr><td colspan="2"></td><td colspan="2"></td><td colspan="2"></td><td colspan="2"></td><td></td><td colspan="2"></td></tr>
<tr><td colspan="2">总数量</td><td></td><td>件</td><td colspan="2">总重量</td><td></td><td>kg</td><td>总体积</td><td></td><td>m³</td></tr>
<tr><td colspan="2">填表人</td><td colspan="4"></td><td colspan="2">填表时间</td><td colspan="3"></td></tr>
</table>

图 2-7 取货通知单（二）

表 2-10 取货通知单填制方法和注意事项（二）

| | |
|---|---|
| 填制方法 | ①“托运单号”、“货物名称”、“件数”、“重量”、“体积”、“包装方式”栏：分别填写对应托运单号上所承运货物的名称、件数、总重量、总体积、包装方式<br>②“总数量”、“总重量”、“总体积”栏：分别填写所有托运单的总件数之和、总重量之和、总体积之和<br>③“填表人”：填写初次填写单据的工作人员姓名<br>④“填表时间”栏：填写填制该表的年月日，选择输入状态 |
| 注意事项 | 货物信息的罗列，宜根据托运人指定的取货时间的先后顺序和取货地点地理位置进行合理安排，以便于取货作业人员及时、迅速取货 |

2. 填制运输计划

运输计划包括运输任务信息、预计运输时间节点及各站点货物信息。运输计划的具体结构和主要构成要素如图 2-8 和图 2-9 所示，填制方法和注意事项如表 2-11 和表 2-12 所示。

**运输计划**

发运时间： 年 月 日 编号：

| 车牌号 | | 核载（t） | | 车容（$m^3$） | | | 始发站 | 经停站 | 目的站 |
|---|---|---|---|---|---|---|---|---|---|
| 计费里程（km） | | 司机 | | 联系方式 | | 到达时间 | | | |
| 全行程（km） | | 备用金（元） | | 预计载重量（kg） | | 发车时间 | | | |

经停站

| 发货人 | 发货地址 | 货物名称 | 包装方式 | 数量（件） | 重量（kg） | 体积（$m^3$） | 收货人 | 收货地址 | 收货时间 | 备注 |
|---|---|---|---|---|---|---|---|---|---|---|
| | | | | | | | | | | |
| | | | | | | | | | | |

目的站

| 发货人 | 发货地址 | 货物名称 | 包装方式 | 数量（件） | 重量（kg） | 体积（$m^3$） | 收货人 | 收货地址 | 收货时间 | 备注 |
|---|---|---|---|---|---|---|---|---|---|---|
| | | | | | | | | | | |
| | | | | | | | | | | |

图 2-8 运输计划（一）

**表 2-11 运输计划填制方法和注意事项（一）**

| | |
|---|---|
| 填制方法 | ①“发运时间”栏：填写车辆在始发站的预计发运时间<br>②“计费里程”、“全行程”栏：填写始发站到目的站的公路里程<br>③“备用金”栏：预留字段，请填写 0<br>④“预计装载量”栏：填写该车辆所运货物的总重量<br>⑤“到达时间（始发站、经停站、目的站）”栏：分别填写车辆在经停站、目的站的预计到达时间，始发站可不填<br>⑥“发车时间（始发站、经停站、目的站）”栏：分别填写车辆在始发站、经停站的预计发车时间，目的站可不填 |
| 注意事项 | ①“发运时间”栏由于是在发运之前由制单人填写的，所以只能填写预计的时间<br>②“预计装载量”可通过合计本单据所列各项货物的总重量得到<br>③ 始发站只有发车时间没有到达时间，所以不填；目的站只有到达时间没有发车时间，所以不填。 |

**运输计划**

发运时间： 年 月 日 编号：

| 车牌号 | | 核载（t） | | 车容（m³） | | | 始发站 | 经停站 | 目的站 |
|---|---|---|---|---|---|---|---|---|---|
| 计费里程（km） | | 司机 | | 联系方式 | | 到达时间 | | | |
| 全行程（km） | | 备用金（元） | | 预计载重量（kg） | | 发车时间 | | | |

| 经停站 | | | | | | | | | | |
|---|---|---|---|---|---|---|---|---|---|---|
| 发货人 | 发货地址 | 货物名称 | 包装方式 | 数量（件） | 重量（kg） | 体积（$m^3$） | 收货人 | 收货地址 | 收货时间 | 备注 |
| | | | | | | | | | | |
| | | | | | | | | | | |

| 目的站 | | | | | | | | | | |
|---|---|---|---|---|---|---|---|---|---|---|
| 发货人 | 发货地址 | 货物名称 | 包装方式 | 数量（件） | 重量（kg） | 体积（$m^3$） | 收货人 | 收货地址 | 收货时间 | 备注 |
| | | | | | | | | | | |
| | | | | | | | | | | |

图 2-9 运输计划（二）

**表 2-12 运输计划填制方法和注意事项（二）**

| | |
|---|---|
| 填制方法 | ① 经停站托运订单信息：填写车辆所载货物中，目的站为本车辆经停站的托运订单信息<br>②“发货人”栏填写托运人单位；重量、体积为托运订单信息中的总重量和总体积；“收货人”栏填写收货人单位；收货时间为托运人的要求到货时间<br>③ 目的站托运订单信息：填写车辆所载货物中，目的站为本车辆到目的站的托运订单信息<br>④“发货人”栏填写托运人单位；重量、体积为对应托运订单信息中的总重量和总体积；“收货人”栏填写收货人单位；收货时间为托运人的要求到货时间 |
| 注意事项 | ① 经停站为货车从始发站到终点站的过程中，中途停靠的站点。该站点也是货车中部分货物的目的站。所以，以经停站为目的地的货物需要在经停站卸下，所以这些货物的信息须填写在“经停站托运订单信息”一栏<br>② 目的站为最终货车到达的目的地，此时车上的货物将全部卸下。所以，在以终点站为目的站的货物的信息须填写在“目的站托运订单信息”一栏<br>③ 上述两栏货物信息的填写直接影响公路货物运输的正确性和效率，所需要按各货物目的地仔细填写并认真核对 |

## 三、任务巩固

1. 根据案例，完成以下制单练习

2011 年 11 月 9 日 10 时，路通物流有限公司（以下简称“路通”）北京站客服刘华收到一份带有客户签章的发运计划，具体内容如表 2-13 所示。

表 2-13 北京嘉顺地毯有限公司发运计划表

| 托运单号 | YD4610000004911 | 托运人编号：PHKH1301 |
|---|---|---|
| 托运人 | 北京嘉顺地毯有限公司（联系人：李丽（经理）；联系电话：010-64351003；地址：北京市丰台区丰台北路 1 号；邮编：100000） | |
| 包装方式： | 纸箱 | |
| 货物详情 | 货物名称：地毯；数量：40 件；总重量：2100kg；总体积：11m³ | |
| 收货人 | 北京嘉顺地毯沈阳办事处（联系人：钱春；联系电话：024-32315618；地址：沈阳市和平区文艺路 23 号；邮编：110000） | |
| 托运要求 | ① 要求上门取货和送货，取货地联系信息与托运人联系信息相同，送货地联系信息与收货人联系信息相同<br>② 要求 2011 年 11 月 14 日 17 时之前送到目的地<br>③ 凭客户签字的运单作为回执 | |
| 结算 | ① 结算方式：现结<br>② 此批货物为轻泡货，运费计算公式为立方米公里运价×运距×总体积<br>③ 不收取取货和送货费用，无其他杂费 | |
| 投保 | 货物需要投保，投保金额为 100 000 元，保险费率为货值的 1%，保险公司为中华保险公司，路通北京站钱福明负责此项目 | |

当天 10 时 15 分，刘华还收到另一位客户的发运计划，具体内容如表 2-14 所示。

表 2-14 北京恒昌商贸有限公司发运计划表

| 托运单号 | YD4610000004912 | 托运人编号：PHKH1302 |
|---|---|---|
| 托运人 | 北京恒昌商贸有限公司（联系人：蔡司；联系电话：010-56358901；地址：北京市通州区通马路 39 号；邮编：101100） | |
| 包装方式 | 纸箱 | |
| 货物详情 | 货物名称：保暖内衣；数量：250 件；总重量：3700kg；总体积：18m³ | |
| 收货人 | 北京恒昌商贸有限公司哈尔滨办事处（联系人：君玉；联系电话：0451-84356561；地址：哈尔滨市松北区世贸大道 17 号；邮编：150000） | |
| 托运要求 | ① 要求上门取货和送货，取货地联系信息与托运人联系信息相同，送货地联系信息与收货人联系信息相同<br>② 要求 2011 年 11 月 13 日 17 时之前送到目的地<br>③ 凭客户签字的运单作为回执 | |
| 结算 | ① 结算方式：月结<br>② 此批货物为轻泡货，运费计算公式为立方米公里运价×运距×总体积<br>③ 取货和送货费用为 200 元，无其他杂费 | |
| 投保 | 此批货物不投保 | |

客服刘华在审核完这两个客户的业务申请后，将订单提交给调度程润进行操作。

11 月 9 日 11 时，调度程润根据车辆、作业等情况，编制计划单号为 YSJH4900033 的运输计划，该运输计划包含托运单号为 YD4610000004911、YD4610000004912 的两张托运单内的全部货物。

同时，调度程润根据作业路线等情况编制了这两批货物的取货通知单，单号为 QHTZ4900021，要求货运员 11 月 9 日 12 时从公司出发，18 时前返回，按托运单号顺序取货（YD4610000004911、YD4610000004912），并安排货运员蒋玉执行该取货作业。

11 月 9 日 13 时，货运员蒋玉到取货地收取托运单号 YD4610000004911 的货物，点验所托运货物，查无包装及数量等异常后，填制运单号为 YD4610000004911 的公路货物运单，并请托运人核对运单信息，并在运单“托运人（签字）”栏中签字确认。

11 月 9 日 15：30，货运员蒋玉到取货地收取托运单号 YD4610000004912 的货物，点验所托运货物，查无包装及数量等异常后，填制运单号为 YD4610000004912 的公路货物运单，并请托运人核对运单信息，并在运单“托运人（签字）”栏中签字确认。

11 月 9 日 17 时，货运员蒋玉回到公司，并告知调度程润完成集货作业，无异常情况。

货物于 2011 年 11 月 10 日 7 时在北京站装车，装卸员林南宇负责装车作业。

预计于 2011 年 11 月 10 日 9 时发车出北京站，2011 年 11 月 10 日 23 时到达沈阳站。货物到达沈阳后，托运单号为 YD4610000004911 的货物顺利完成卸车，然后不更换运输车辆，预计于 2011 年 11 月 11 日 6 时从沈阳站出发，2011 年 11 月 11 日 16 时到达哈尔滨站。

其他信息如下：

1）从北京到沈阳的轻泡货物的立方米公里运价为 0.6 元/（$m^3$·km），重货运价为 0.75 元/吨公里；北京到哈尔滨的轻泡货物的立方米公里运价为 0.7 元/（$m^3$·km），重货运价为 0.95 元/（t·km）。

2）公司现有运力资源如表 2-15 所示。

表 2-15　运力资源表

| 姓名 | 车牌号 | 联系方式 | 货厢尺寸（长×宽×高，m） | 车容（$m^3$） | 核载（t） | 货厢类型 | 运作线路 |
|---|---|---|---|---|---|---|---|
| 刘大成 | 京 G·939×× | 1300009×××× | 4.2×1.8×1.9 | 12 | 3 | 全厢 | 市内取货 |
| 蒋玉 | 京 G·874×× | 1398999×××× | 7.2×2.3×2.5 | 35 | 10 | 全厢 | 市内取货 |
| 王文贵 | 京 A·905×× | 1328880×××× | 4.2×1.8×1.9 | 12 | 3 | 全厢 | 北京—哈尔滨 |
| 王广云 | 京 A·610×× | 1353997×××× | 5.2×2.15×2.3 | 22 | 6.5 | 全厢 | 北京—哈尔滨 |
| 段其成 | 京 G·60761 | 1376072×××× | 7.2×2.3×2.5 | 35 | 10 | 全厢 | 北京—哈尔滨 |

3）北京至哈尔滨行驶路线：北京—沈阳—哈尔滨。

4）全国（部分）主要城市间公路里程参照表（表 2-2）。

**[制单要求]**

1）根据公司现有的运力资源，调度程润选择王文贵驾驶的车牌号为京 A·90591 的车辆执行取货任务。以调度程润的身份填制编号为 QHTZ4560033 的取货通知单。

2）根据公司现有的运力资源，调度程润选择段其成驾驶的车牌号为京 G·60761 的车辆执行该运输任务。以调度程润的身份填制编号为 YSJH4900033 的运输计划。

（备注：案例选自络捷斯特物流单证软件练习题）

2. 自我评价

学 习 札 记

<table>
<tr><td>单证名称</td><td colspan="4">作用</td></tr>
<tr><td></td><td colspan="4"></td></tr>
<tr><td></td><td colspan="4"></td></tr>
<tr><td></td><td colspan="4"></td></tr>
<tr><td>制单练习</td><td>总分</td><td></td><td>得分</td><td></td></tr>
<tr><td>失分情况</td><td colspan="4"></td></tr>
<tr><td>心得体会</td><td colspan="4"></td></tr>
</table>

## 任务三　填制残损记录表

**【任务描述】**

货物运输质量的好坏直接影响货主对运输企业的信任度。好的运输质量能增加客户对运输企业的信任度，也能提高企业的整体形象，从而促进企业的良性发展。但是，由于各种人为因素或自然因素的影响，货物在托运之后的储存过程或运输过程中可能会出现残损。此时，就需要运输企业及时对残损情况进行妥善处理并反馈给客户，以使客户对运输企业的负面评价降至最低程度。运输企业在处理货物残损时有必要填制相应的单证，即残损记录表。下面将介绍如何填制残损记录表。

通过本任务的训练，学生应达到以下目标：

- 熟悉残损记录表的单据构成要素；
- 了解残损记录表的作用；
- 掌握残损记录表的填制方法；
- 掌握填制残损记录表的注意事项。

## 一、知识准备

残损记录表是记录货物在运输过程中出现缺失、破损、毁坏等情况，以及针对出现的残损情况所作出的相应处置意见的单证。所以，在出现残损问题时，运输企业应尽快查明货损原因，以及相关当事人的责任，以便给客户一个合理的解释，从而最大限度挽回客户对企业的信任。

残损记录表的作用是记录货物在运输过程中发生的残损情况及处理意见，明确运输责任。

## 二、任务实施

残损记录表包括货物运输信息、残损情况、解决措施、处理结果等。残损记录表的具体结构和主要构成要素如图 2-10 和图 2-11 所示，填制方法和注意事项如表 2-16 和表 2-17 所示。

残损记录表

| 编号 | | | | 填报人 | | | | |
|---|---|---|---|---|---|---|---|---|
| 站点 | | 运单号 | | 车号 | | 施封检查人 | | |
| 路由 | | 发现时间 | | 残损件数 | | | | |
| 操作环节 | | 预估价值 | | 责任人 | | | | |
| 货物残损状况 | | | | | | | | |
| | 报告部门 | | 报告人 | | 接收部门 | | 接收人 | |
| 解决措施 | | | | | | | | |
| | 实施部门 | | 负责人 | | 日期 | | | |
| 处理结果 | | | | | | | | |
| | 报告人 | | 负责人 | | 日期 | | | |
| 操作站 | 站负责人 | | 操作员 | | 调度 | | 承运司机 | |

图 3-10　残损记录表（一）

表 2-16　残损记录表填制方法

| | |
|---|---|
| 填制方法 | ①“站点”栏：填写出发站<br>②“路由”栏：填写发货站到收货站，如广州—上海<br>③“运单号”、“车号”、“发现时间”栏：分别填写发生残损的货物所在的运单号码、运载该批货物的车牌号、发现残损货物的具体时间，时间格式为××××年××月××日××时<br>④“预估价值”、“残损件数”栏：分别填写残损货物的预估价值、残损货物的件数<br>⑤“填报人”、“施封检查人”、“责任人”栏：分别填写登记货物残损情况的填报人、到站后的施封检查人、造成残损的责任人<br>⑥“货物残损状况”栏：填写货物的具体残损情况及导致的结果 |

## 残损记录表

| | | | | | | | | |
|---|---|---|---|---|---|---|---|---|
| 编号 | | | | 填报人 | | | | |
| 站点 | | 运单号 | | 车号 | | 施封检查人 | | |
| 路由 | | 发现时间 | | 残损件数 | | | | |
| 操作环节 | | 预估价值 | | 责任人 | | | | |
| 货物残损状况 | | | | | | | | |
| | 报告部门 | | 报告人 | | 接收部门 | | 接收人 | |
| 解决措施 | | | | | | | | |
| | 实施部门 | | 负责人 | | 日期 | | | |
| 处理结果 | | | | | | | | |
| | 报告人 | | 负责人 | | 日期 | | | |
| 操作站 | 站负责人 | | 操作员 | | 调度 | | 承运司机 | |

图 2-11　残损记录表（二）

表 2-17　残损记录表填制方法和注意事项

| | |
|---|---|
| 填制方法 | ①“报告部门”、“报告人”、“接收部门”、“接收人”、“实施部门”、“负责人”：分别填写残损情况的报告部门、报告人、接受部门、接受人、残损货物赔偿事宜的实施部门、负责人<br>②“日期”栏：填写具体的赔偿事宜办理日期<br>③“处理结果”栏：填写残损货物赔偿处理的方法，如“报××单位索赔” |

续表

| | |
|---|---|
| 填制方法 | ④"处理结果（报告人、负责人、日期）"栏：填写残损赔偿事宜的报告人、负责办理赔偿事宜的实施人、办理赔偿事宜的日期<br>⑤"操作员"、"调度"、"承运司机"栏：分别填写具体集货和公路货物运单填制人、操作站调度人员、该批货物的承运司机 |
| 注意事项 | ① 在根据案例练习时，报告部门、报告人、接受部门、接收人、实施部门、负责人等信息会有一定的混淆性，一定要注意辨别，不要误填<br>② 在实际操作中，填写残损记录表时，对于责任的划分须很明确，特别是导致货物残损的责任人须首先确定，以便正确、顺利处理货物残损事件 |

## 三、任务巩固

1. 根据案例，完成以下制单练习

2011 年 11 月 17 日 8 时，北京金祥物流有限公司北京站客服王芳菲收到带有客户签章的两份订单传真，托运订单一的相关信息如表 2-18 所示。

表 2-18 托运信息表（一）

| | |
|---|---|
| 运单号 | YD4610000005915 |
| 托运人 | 北京乐宝有限公司（联系人：李玫（经理）；联系电话：010-65098654；地址：北京市大兴区经济开发区 79 号；邮编：100023） |
| 包装方式 | 纸箱 |
| 货物详情 | ① 货物名称：玩具车 200A59；数量：100 件；总重量：350kg；总体积：3.8m$^3$<br>② 货物名称：玩具车 200B73；数量：80 件；总重量：240kg；总体积：1.8m$^3$<br>③ 货物名称：玩具车 200C45；数量：120 件；总重量：300kg；总体积：2.8m$^3$<br>④ 货物名称：玩具车 200D90；数量：60 件；总重量：252kg；总体积：5.6m$^3$<br>⑤ 货物名称：玩具车 200E82；数量：80 件；总重量：288kg；总体积：4.8m$^3$ |
| 收货人 | 杭州华宝有限公司（联系人：张博；联系电话：0571-7256109；地址：浙江省杭州市下城区东新路 86 号；邮编：310005） |
| 托运要求 | ① 要求上门取货和送货<br>② 要求 2011 年 11 月 19 日到达目的地 |
| 结算 | ① 结算方式：月结<br>② 凭客户签字的运单作为回执单，予以结清运费 |
| 投保 | 只对玩具车 200A59 投保，货值为 240 000 元，保险费率为货值的 0.06% |
| 其他费用 | 无 |

托运订单二的相关信息如表 2-19 所示。

**表 2-19 托运信息表（二）**

| 运单号 | YD4610000005916 |
|---|---|
| 托运人 | 北京丽晶有限公司（联系人：李铁；联系电话：010-60925298；地址：北京市通州区梨园镇 9 号；邮编：100023） |
| 包装方式 | 包装方式为纸箱 |
| 货物详情 | 货物名称：家电 LT35480；数量：120 件；总重量：3840kg；总体积：28m$^3$。 |
| 收货人 | 北京丽晶有限公司杭州分公司（联系人：王敏；联系电话：0571-63256878；地址：浙江省杭州市富阳金城路 221 号；邮编：310005） |
| 托运要求 | ① 要求 2011 年 11 月 19 日到达目的地<br>② 要求上门取货和送货<br>③ 将该批货物每份 24 箱平均配送到 5 个销售点 |
| 结算 | ① 结算方式：月结<br>② 凭客户签字的运单作为回执单，予以结清运费 |
| 投保 | 货值为 360 000 元，保险费率为货值的 0.06% |
| 其他费用 | 无 |

客服王芳菲在审核完这两个客户的业务申请后，将订单提交给调度刘明全进行操作。

11 月 17 日 15 时，货运员张奇到取货地收取托运单号为 YD4610000005915 的货物，点验所托运货物，查无包装及数量等异常后，填制运单号为 YD4610000005915 的公路货物运单，并请托运人核对运单信息，并在运单“托运人（签字）”栏中签字确认。

11 月 17 日 17 时，货运员张奇到取货地收取托运单号为 YD4610000005916 的货物，点验所托运货物，查无包装及数量等异常后，填制运单号为 YD4610000005916 的公路货物运单，并请托运人核对运单信息，并在运单“托运人（签字）”栏中签字确认。

11 月 17 日 19 时，货运员张奇回到公司，并告知调度刘明全完成集货作业，无异常情况。

班车 BC026 于 2011 年 11 月 17 日 23 时从北京金祥物流有限公司北京站准时发车，并以预计时间 2011 年 11 月 19 日 13 时到达北京金祥物流有限公司杭州站，并由北京金祥物流有限公司杭州站装卸员刘广伦进行卸车作业。

2011 年 11 月 19 日 14 时，杭州华宝有限公司的收货人张博在对货物进行验收时，发现有 80 件货物包装被挤压破损，并拍照取证，北京金祥物流有限公司杭州站配送员王亮通知公司领导到现场了解情况。

北京金祥物流有限公司杭州站主管贾正学赶到验收现场，与杭州华宝有限公司负责人沟通后，决定立即对该批货物进行施封检查鉴定。

鉴定结果如下：

1）发生残损货物运单号：YD4610000005915。

2）残损货物名称：玩具车 200A59。

3）实际残损件数：21 件。

4）残损状况：货物损坏，不能正常销售。

5）残损货物预估价值：16 800 元。

6）残损货物投保情况：已投保。

7）责任人：刘广伦。

8）操作环节：卸车作业。

9）残损原因：装卸员刘广伦进行卸车作业时存在野蛮操作，致货物损坏。

2011 年 11 月 19 日 17 时，贾正学将鉴定结果报告给北京金祥物流有限公司客服部李华安。李华安根据鉴定结果，作出相应解决措施后，报告并负责处理结果，同时填制编号为 CS20110004933 的残损记录表。解决措施为“对杭州华宝有限公司赔偿实际损失”，处理结果为“报保险公司索赔”。

**[制单要求]**

以客服部李华安的身份填制编号为 CS20110004933 的残损记录表。

（备注：本案例选自络捷斯特物流单证软件练习题）

2. 自我评价

学 习 札 记

| 单证名称 | 作用 | | |
|---|---|---|---|
| | | | |
| | | | |
| | | | |
| 制单练习 | 总分 | | 得分 | |
| 失分情况 | | | | |
| 心得体会 | | | | |

## 模块小结

本模块主要介绍了公路货物运单、取货通知单、运输计划及货物残损单的填制方法和注意事项。与仓储单证相比，运输单证要复杂一些，特别是公路货物运输单时，由于所要填写的内容较多，填制时很容易出错，所以学生在填制这些单证时应首先认真领会填制方法，同时仔细阅读案例，找到关键信息。同时，学生要关注“注意事项”的内容，要在练习的过程中逐渐理解并应用，只有这样，才能提高填制运输单证的正确性和效率。

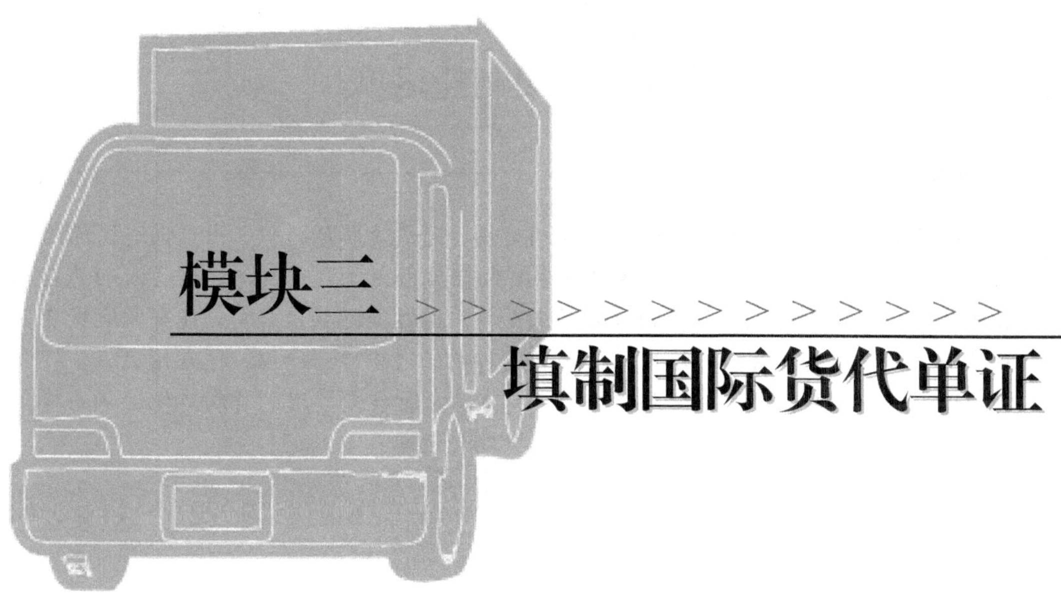

# 模块三 填制国际货代单证

【概述】

国际货代行业是指接受进出口货物收货人、发货人和其他委托方或其代理人的委托，以委托人的名义或者以自己的名义，组织、办理国际货物运输及相关业务，提供国际货物流通领域的物流增值服务的行业。

国际货运代理协会联合会对国际货代的定义是：根据客户的指示，并为客户的利益而揽取运输的人，其本身并不是承运人。国际货运代理也可以依这些条件，从事与运送合同有关的活动，如储货（也含寄存）、报关、验收、收款等。

本模块主要介绍国际货代在进行货物进出口作业中所涉及的相关单证。

【学习目标】

- 了解国际货代业务所涉及的主要单证；
- 熟悉国际货代业务的主要流程；
- 掌握国际货代业务主要单证的填制方法和注意事项。

【主要单证】

托运单　报检单　报关单　委托报关书　集装箱装箱单　提单

# 任务一　填制托运单

**【任务描述】**

国际贸易的主要对象包括各式各样的货物，通过货物的进口、出口促进国际间的贸易发展。因此，国际贸易常常会发生货物在国际范围内的转移，这些活动的完成就需要从事国际物流作业的物流公司来支持。通过国际物流公司，能有效地将货物从一国境内运送至另一国境内，从而完成货物的进出口。所以，通常情况下，货物的进出口事项委托给第三方物流公司来完成，此时就需要填制货物委托运送的单证，即托运单。下面将介绍如何填制国际货物托运单。

通过本任务的训练，学生应达到以下目标：

- 熟悉托运单的构成要素；
- 了解托运单的作用；
- 掌握托运单的填制方法；
- 掌握填制托运单的注意事项。

## 一、知识准备

### 1. 国际贸易

国际贸易是指世界各个国家（或地区）在商品和劳务等方面进行的交换活动。它是各国（或地区）在国际分工的基础上相互联系的主要形式，反映了世界各国（或地区）在经济上的相互依赖关系，是由各国对外贸易的总和构成的。从一个国家的角度看国际贸易就是对外贸易。

国际贸易可分为进口贸易和出口贸易。进口贸易就是将其他国家的商品或服务引进到该国市场销售；反之，出口贸易就是将该国的商品或服务输出到其他国家市场销售。

国际进出口贸易流程相对较复杂，简化后的进出口流程如图 3-1 所示。

图 3-1　国际进出口贸易流程

2. 托运单

托运单是运货人和托运人之间对托运货物的合约，其记载有关托运人与送货人间的权利和义务，是托运人根据贸易合同和信用证条款内容填制的单证。

托运单通常是托运人向承运人或其代理办理（通常称为船代）申请货物托运的单证。承运人根据托运单内容，并结合船舶的航线、挂靠港、船期和舱位等条件考虑，认为合适后，即接受托运。托运单等同于委托运输合同，具有法律约束力。承运单位接受托运后，必须对承运货物负责，并在约定的时间内将货物完整地运输到指定地点。

托运单在运送人签收后，便是一份给托运人的收据，货物的相关安全责任从托运人转至运送人，直至收货人收到货物为止。此外，若托运人向运送人要求索赔，托运单是必备的文件。

## 二、任务实施

国际货物托运单一般用于国际物流作业，所以在单证的表单上出现的都是英文，所以对从事制单作业人员的英语水平有一定的要求。托运单的具体结构和主要构成要素如图 3-2 所示，填制方法和注意事项如表 3-1 所示。

**托运单**

| | | | | | |
|---|---|---|---|---|---|
| | | | D/R No. （编号） | | |
| Shipper | | | 某公司集装箱货物托运单样单 | | |
| Consignee | | | | | |
| Notify Party | | | | | |
| Pre-carriage | | | Place of Receipt | | |
| Ocean Vessel Voy No. | | | | Port of Loading | |
| Port of Discharge | | Place of Delivery | | Final Destination | |
| Container No.<br>Seal No. | Marks & No. | No. of Containers or Pkgs, | Kind of Pkgs ;<br>Description of Goods | Gross Weight | Measurement |
| Total Number of containers or Packages （IN WORDS） | | | | | |
| Freight & Charges （运费） | Prepaid at （预付地点） | Payable at （到付地点） | Place and Date of Issue （签发地点） | | |
| | Total Prepaid （预付总额） | | No. of Original B（S）/L （正本提单份数） | | |
| Service Type on Receiving<br>□—CY □—CFS<br>□—DOOR | Service Type on Delivery<br>□—CY □—CFS<br>□—DOOR | | Reefer-Temperature Required （冷藏温度） | F | C |
| Type of Goods （种类） | □Ordinary，□Reefer，□Dangerous，□Auto.<br>（普通） （冷藏） （危险品） （裸装车辆） | | 危险品 | Class:<br>Property:<br>IMDG Code Page:<br>UN No. | |
| | □Liquid，□Live Animal，□Bulk—，<br>（液体） （活动物） （散货） | | | | |

图 3-2 托运单样单（一）

表 3-1 托运单填制方法和注意事项（一）

| | |
|---|---|
| 填制方法 | ① "Shipper（发货人）"栏：一般情况下，填写出口公司的名称、地址及联系方式。具体内容根据合同进行填写。例如是由中国对外贸易运输公司代理货主办理租船订舱的，此栏应填"中国对外贸易运输公司××分公司"<br>② "Consignee（收货人）"栏：此处直接填写收货人单位名称和地址<br>③ "Notify Party（通知人）"栏：此处填写内容与收货人处一致<br>④ "Place of Receipt（收货地点）"栏：填写合同内规定的收货地点。一般为货交承运人的地点<br>⑤ "Port of Loading（装货港）"栏：直接填写装运港港口名称，如上海港直接填写 SHANGHAI, CHINA<br>⑥ "Port of Discharge（卸货港）"栏：直接填写卸货港港口名称，如上海港直接填写 SHANGHAI, CHINA<br>⑦ "Place of Delivery（交货地点）"栏：销售合同中规定的货物实际交货地点，如温州则直接填写 WENZHOU, CHINA<br>⑧ "Ocean Vessel Voy No.（船名、航次）"栏：订舱确认后由进出口船舶代理人填写。此时不填写<br>⑨ "Final Destination（目的地）"栏：填写合同内规定的收货地点。一般为货交承运人的地点 |
| 注意事项 | ① 托运单属于国际单证范畴，所以通常以英文为主要语言，所以要填制托运单，首先必须理解各栏目标题的含义<br>② 信用证指由银行（开证行）依照（申请人的）要求和指示或自己主动，在符合信用证条款的条件下，凭规定单据向第三者（受益人）或其指定方进行付款的书面文件<br>③ 各港口名称须明确具体，并与信用证描述一致，如有同名港时，须在港口名称后注明国家，地区或州，城市。如信用证规定目的港为选择港（OPTIONAL PORTS），则应是同一航线上的，同一航次挂靠的基本港 |

图 3-3 为托运单样单前半部分，填制方法和注意事项如表 3-2 所示。

## 托运单

<table>
<tr><td colspan="3"></td><td colspan="3">D/R No. （编号）</td></tr>
<tr><td colspan="3">Shipper</td><td colspan="3" rowspan="3">某公司集装箱货物托运单样单</td></tr>
<tr><td colspan="3">Consignee</td></tr>
<tr><td colspan="3">Notify Party</td></tr>
<tr><td colspan="3">Pre-carriage</td><td colspan="3">Place of Receipt</td></tr>
<tr><td colspan="4">Ocean Vessel Voy No.</td><td colspan="2">Port of Loading</td></tr>
<tr><td colspan="2">Port of Discharge</td><td colspan="2">Place of Delivery</td><td colspan="2">Final Destination</td></tr>
<tr><td>Container No.<br>Seal No.</td><td>Marks & No.</td><td>No. of Containers or Pkgs.</td><td>Kind of Pkgs ; Description of Goods</td><td>Gross Weight</td><td>Measurement</td></tr>
<tr><td colspan="6">Total Number of containers or Packages （IN WORDS）</td></tr>
</table>

图 3-3 托运单样单前半部分

表 3-2　托运单填制方法和注意事项（二）

| | |
|---|---|
| 填制方法 | ① “Container NO. Seal No.（集装箱号铅封号）” 栏：此处直接填写集装箱数量和类型，如 3 个 40 尺普通集装箱，则此处填写：3/40GP<br>② “Marks & No.（标记与号码）” 栏：填写货物外箱装上的运输标记与件数。多个集装箱编号、其他必须说明的事项也填在本栏内。练习时，若案例中没有说明，则直接填写 N/M<br>③ “No. of Containers or Pkgs.（箱数或件数）” 栏：箱装的件数或者集装箱的箱数，需按实际情况填写，如 50 箱，则直接填写 50CTNS，若有不同型号的货物，则分开填写<br>④ “Kind of Pkgs; Description of Goods（箱装种类与货名）” 栏：直接按照发票信息中货品描述填写，箱装种类不用填写，直接填写货名中文名称即可，若有不同型号的货物，则分开填写<br>⑤ “Gross Weight（毛重）” 栏：严格按照装箱单中内容填写，填写所有货物的总毛重，如××KGS<br>⑥ “Measurement（尺码）” 栏：严格按照装箱单中内容填写，填写所有货物的总尺码，如××CBM<br>⑦ “Total Number of containers or Packages （IN WORDS）（集装箱数或件数合计（大写））” 栏：填写本次交易的商品（包装）总件数，大写表示 |
| 注意事项 | ① 对于 MARKS & NO. 为了便于识别货物，防止错发货，通常由型号、图形或收货单位简称、目的港件数或批号等组成<br>② 在填写集装箱数时要按照 “SAY…ONLY” 的格式填写，正如发票中的大写。因此，在 “SAY…ONLY” 中间省略号处应填上英文数字：ONE、TWO、THREE、FOUR、FIVE 等 |

图 3-4 为托运单样单后半部分，填制方法和注意事项如表 3-3 所示。

## 托运单

<table>
<tr><td rowspan="2">Freight & Charges（运费）</td><td>Prepaid at （预付地点）</td><td>Payable at （到付地点）</td><td colspan="3">Place and Date of Issue（签发地点）</td></tr>
<tr><td colspan="2">Total Prepaid （预付总额）</td><td colspan="3">No. of Original B（S）/L （正本提单份数）</td></tr>
<tr><td>Service Type on Receiving<br>□—CY □—CFS<br>□—DOOR</td><td>Service Type on Delivery<br>□—CY □—CFS<br>□—DOOR</td><td>Reefer-Temperature Required（冷藏温度）</td><td>F</td><td colspan="2">C</td></tr>
<tr><td rowspan="2">Type of Goods（种类）</td><td colspan="2">□Ordinary，□Reefer，□Dangerous，□Auto.<br>（普通） （冷藏） （危险品） （裸装车辆）</td><td rowspan="2">危险品</td><td rowspan="2" colspan="2">Class:<br>Property:<br>IMDG Code Page:<br>UN No.</td></tr>
<tr><td colspan="2">□Liquid，□Live Animal，□Bulk—，<br>（液体） （活动物） （散货）</td></tr>
</table>

图 3-4　托运单样单后半部分

表 3-3 托运单填制方法和注意事项（三）

| | |
|---|---|
| 填制方法 | ①“FREIGHT & CHARGES”栏：此处填写运费和运费的支付方式，支付方式选择是预付或到付，若为预付直接在“Prepaid AT”处填写港口名称，如 SHANGHAI, CHINA<br>②“Place and Date of Issue（签发地点）”栏：根据实际情况填写提单签发的时间和地点，如签发时间为 2014 年 1 月 1 日，签发地点为上海，则直接填写 JAN,1,2014 SHANGHAI, CHINA<br>③“No. of Original B（S）/L（正本提单份数）”栏：根据题干中规定填写提单的份数，填写格式：数字大写字母+（阿拉伯数字），如正本提单份数为 2 份，则直接填写：TWO（2） |
| 注意事项 | 各公司的提单可能各有不同，但主要的内容及填制方法是遵循国际惯例而设定的，大同小异。所以，正确掌握提单的填制技能首先要掌握基本的填制规则，然后归纳总结，进一步提升 |

## 三、任务巩固

学 习 札 记

| 单证名称 | 作用 | | |
|---|---|---|---|
| | | | |
| | | | |
| | | | |
| 制单练习 | 总分 | | 得分 | |
| 失分情况 | | | | |
| 心得体会 | | | | |

## 四、课外延伸

**托 运 单**

托运单（Booking Note，B/N）俗称下货纸，是托运人根据贸易合同和信用证条款内容填制的，向承运人或其代理办理货物托运的单证。承运人根据托运单内容，并结合船舶的航线、挂靠港、船期和舱位等条件考虑，认为合适后，即接受托运。

托运单一式十联，其各联作用如下：

第一联：集装箱货物托运单（货主留底）（B/N）。

第二联：集装箱货物托运单（船代留底）。

第三联：运费通知（1）。

第四联：运费通知（2）。

第五联：装货单（S/O）。

第五联副本：缴纳出口货物港务费申请书。

第六联：大副联（场站收据副本）。

第七联：场站收据（D/R）。

第八联：货代留底。

第九联：配舱回单（1）。

第十联：配舱回单（2）。

（资料来源：http://baike.baidu.com/view/101617.htm.）

**信　用　证**

信用证（Letter of Credit，L/C）是指由银行（开证行）依照（申请人的）要求和指示或自己主动，在符合信用证条款的条件下，凭规定单据向第三者（受益人）或其指定方进行付款的书面文件。也就是说，信用证是一种银行开立的有条件的承诺付款的书面文件。

在国际贸易活动，买卖双方可能互不信任，买方担心预付款后，卖方不按合同要求发货；卖方也担心在发货或提交货运单据后买方不付款。因此，需要两家银行作为买卖双方的保证人，代为收款交单，以银行信用代替商业信用。银行在这一活动中所使用的工具就是信用证。

（资料来源：http://baike.baidu.com/view/5723.htm.）

# 任务二　填制出境货物报检单

**【任务描述】**

国际间货物的流通在出入边境前，都要进行一项检验，即商品检验。只有通过商品检验，并取得商品检验检疫合格证之后，才能办理后续的出入境手续。为了能顺利进行商检，就需要正确填制报检单。所以下面将介绍如何填制报检单。

通过本任务的训练，学生应达到以下目标：

- 熟悉出境货物报检单的构成要素；
- 了解报检单的作用；
- 掌握出境货物报检单的填制方法；
- 掌握填制出境货物报检单的注意事项。

## 一、知识准备

报检单分为出境货物报检单和入境货物报检单两种。法定出口商检的货物，必须向商检部门申请出境货物通关单，才能出口，这个申报单称为出境货物报检单。货物从国外运输到国内，需要入境通关，此时也填写申报单，该单称为入境货物报检单。不管货物是进口入境还是出口离境，报检单都是货物通过海关核查的必备单证之一。

报检单的作用在于详细记录将要出口或进口货物的信息，以备检验检疫局人员审核货物时参考，在通过审核后成为货物进出海关的一种凭证。

## 二、任务实施

本任务将详细介绍出境货物报检单（图 3-5）的填制方法和注意事项（表 3-4）。入境货物报检单的填制方法与之相似，可参照相应的填制方法。

中华人民共和国出入境检验检疫

出境货物报检单

报检单位（加盖公章）： 编 号：

报检单位登记号： 联系人： 电话： 报检日期： 年 月 日

| | | |
|---|---|---|
| 发货人 | （中文） | |
| | （外文） | |
| 收货人 | （中文） | |
| | （外文） | |

| 货物名称(中/外文) | H.S.编码 | 产地 | 数/重量 | 货物总值 | 包装种类及数量 |
|---|---|---|---|---|---|
| | | | | | |

| | | | | | |
|---|---|---|---|---|---|
| 运输工具名称号码 | | 贸易方式 | | 货物存放地点 | |
| 合同号 | | 信用证号 | | 用途 | |
| 发货日期 | | 输往国家（地区） | | 许可证/审批号 | |
| 启运地 | | 到达口岸 | | 生产单位注册号 | |
| 集装箱规格、数量及号码 | | | | | |

| 合同、信用证订立的检验检疫条款或特殊要求 | 标 记 及 号 码 | 随附单据（划“√”或补填） | |
|---|---|---|---|
| | | □合同<br>□信用证<br>□发票<br>□换证凭单<br>□装箱单<br>□厂检单 | □包装性能结果单<br>□许可/审批文件 |

| 需要证单名称（划“√”或补填） | | *检验检疫费 | |
|---|---|---|---|
| □品质证书 ＿正＿副<br>□重量证书 ＿正＿副<br>□数量证书 ＿正＿副<br>□兽医卫生证书 ＿正＿副<br>□健康证书 ＿正＿副<br>□卫生证书 ＿正＿副<br>□动物卫生证书 ＿正＿副 | □植物检疫证书 ＿正＿副<br>□熏蒸/消毒证书 ＿正＿副<br>□出境货物换证凭单<br>□出境货物通关单 | 总金额<br>（人民币元） | |
| | | 计费人 | |
| | | 收费人 | |

| 报检人郑重声明： | 领 取 证 单 | |
|---|---|---|
| 1. 本人被授权报检。<br>2. 上列填写内容正确属实，货物无伪造或冒用他人的厂名、标志、认证标志，并承担货物质量责任。<br>签名： | 日期 | |
| | 签名 | |

注：有“*”号栏由出入境检验检疫机关填写 ◆国家出入境检验检疫局制

图 3-5 出境货物报检单

表 3-4 出境货物报检单填制方法和注意事项（一）

| | |
|---|---|
| 填制方法 | ① 报检基础信息：此处填写申请报检单位的基础信息，包括单位登记号、联系人、电话和报检日期等内容，可依据报检委托书填写，报检日期填写报检当天日期即可<br>② 收发货人信息：此处填写收货人单位名称，中文和英文名称分别对应填写在相应位置<br>③ 出口货物信息：此处主要填写出口货物信息，其中货物名称栏目填写货物的名称+规格型号，依据合同、发票等单据填写，或完全依据案例信息填写<br>④ HS 编码同报检委托书处<br>⑤ 产地指货物生产/加工的省（自治区、直辖市）以及地区（市）名称，如浙江省温州市，则此处填写“浙江温州”<br>⑥ 数/重量：填写报检货物的数/重量，重量一般填写净重。如填写毛重，或以毛重作净重则需注明，填写规则为“商品数量”+“/”+“重量”，如 2 台/345KGS<br>⑦ 货物总值：按本批货物合同或发票上所列的总值填写（以美元计）。如同一报检单报检多批货物，需列明每批货物的总值。填写规则：“货币币种”+“金额大小”。例如 23 美元，填写则为“USD23.00”<br>⑧ 包装种类及数量：本批货物运输包装数量和包装种类。例如 23 个包装箱，则填写为 23 箱 |
| 注意事项 | ① 填写“报检单位”栏时，若是货主自行报检，那么“报检单位”栏填写货主的单位名称；若货主将报检事务委托给专门的代理机构，那么就要在“报检单位”栏填写代理机构的单位名称<br>② “发货人”栏填写的是发货单位的名称，不是具体发货的人名。在“外文”栏一般需要填写发货单位的英文名称，如发货单位名称为“荷兰 QQ 玩具有限公司”，那么其外文应填写“HOLLAND QQ TOY CO., LTD.”，其中“CO.”是 COMPANY（公司）的缩写，“LTD.”是 LIMITED（有限的）的缩写，和在一起“CO., LTD.”即有限公司。另外英文单词缩写需要在字母之后加上缩写符号“.”。注意不要漏填这个缩写符号<br>③ 产地除了要按照规定的格式填写，还要完全与案例所给的信息相符<br>④ 数/重量的填写要注意不要忘了填写单位，如“台”是数量单位；“KGS”是重量单位，千克的意思，对应的英文单词是“KILOGRAM”，加“S”为英文语法中的复数形式，即“KILOGRAMS”<br>⑤ USD 是国际上公认的“美元”代码，全称为“United States Dollar”意为“美利坚合众国元”简称“美元” |

图 3-6 为出境货物报检单部分，填制方法和注意事项如表 3-5 所示。

| 运输工具名称号码 | | 贸易方式 | | 货物存放地点 | |
|---|---|---|---|---|---|
| 合同号 | | 信用证号 | | 用途 | |
| 发货日期 | | 输往国家（地区） | | 许可证／审批号 | |
| 启运地 | | 到达口岸 | | 生产单位注册号 | |
| 集装箱规格、数量及号码 | | | | | |
| 合同、信用证订立的检验检疫条款或特殊要求 | | 标 记 及 号 码 | | 随附单据（划“√”或补填） | |
| | | | | ☐合同<br>☐信用证<br>☐发票<br>☐换证凭单<br>☐装箱单<br>☐厂检单 | ☐包装性能结果单<br>☐许可/审批文件 |

图 3-6　出境货物报检单部分（一）

**表 3-5　出境货物报检单填制方法和注意事项（二）**

<table>
<tr><td>填制方法</td><td>①“运输工具名称号码”栏：填写货物实际装载的运输工具类别名称及运输工具编号（船名航次）。报检时，未能确定运输工具编号的，可只填写运输工具类别<br>②“贸易方式”栏：直接根据本次交易的贸易方式直接选择：一般贸易、来料加工、进料加工、其他等<br>③“货物存放地点”栏：填写货物出境前存放地点，便于检验检疫。最小到城市名称<br>④“合同号”、“信用证号”栏：直接填写本批货物贸易合同编号和信用证编号<br>⑤“发货日期”、“用途”栏：不填写<br>⑥“输往国家（地区）”、“到达口岸”栏：贸易合同中买方（进口方）所在的国家或地区，直接填写本次交易的最终目的国家中文名称和口岸中文名称<br>⑦“启运地”栏：装运本批货物离境的交通工具的启运地区城市口岸名称，具体到港口中文名称，填写时填写城市/国家名称+口岸名称</td></tr>
<tr><td>注意事项</td><td>① 常用贸易方式列表：
<table>
<tr><td>贸易方式</td><td>一般贸易</td><td>来料加工</td><td>进料对口</td><td>合资合作设备</td><td>外资设备物品</td></tr>
<tr><td>代码</td><td>0110</td><td>0214</td><td>0615</td><td>2025</td><td>2225</td></tr>
</table>
② 货物存放地点，填写时最小到市名称。如货物存放在温州市瓯海区某公司仓库里，则只需要填写“温州”即可</td></tr>
</table>

图 3-7 为出境货物报检单部分，填制方法和注意事项如表 3-6 所示。

| 运输工具名称号码 | | 贸易方式 | | 货物存放地点 | |
|---|---|---|---|---|---|
| 合同号 | | 信用证号 | | 用途 | |
| 发货日期 | | 输往国家（地区） | | 许可证/审批号 | |
| 启运地 | | 到达口岸 | | 生产单位注册号 | |
| 集装箱规格、数量及号码 | | | | | |
| 合同、信用证订立的检验检疫条款或特殊要求 | | 标记及号码 | | 随附单据（划“√”或补填） | |
| | | | | □合同<br>□信用证<br>□发票<br>□换证凭单<br>□装箱单<br>□厂检单 | □包装性能结果单<br>□许可/审批文件 |

图3-7　出境货物报检单部分（二）

**表3-6　出境货物报检单填制方法和注意事项（三）**

| | |
|---|---|
| 填制方法 | ①“生产单位注册号”栏：填写生产/加工本批货物的单位在检验检疫机构的注册登记编号<br>②“集装箱规格、数量和号码”栏：直接填写集装箱数量×规格，或直接填写集装箱号码<br>③ 随附单据：按实际提供的单据，在对应的“□”打“√”。对报检单上未标出的，须自行填写提供的单据名称<br>④ 其他栏目不填 |
| 注意事项 | ① 报检单应由持有报检员证的人员如实填制，并加盖单位公章；代理报检的应加盖代理报检机构在检验检疫机构备案的印章<br>② 报检单填制应完整、真实、准确、不得涂改<br>③ 入境货物报检单与出境货物报检单填制方法相似 |

## 三、任务巩固

1. 根据案例，完成以下制单练习

河北器械贸易有限公司（HEBEI EQUIPMENT TRADE CO.,LTD.）是一家经营大型器械的企业，2011年4月12日与印度DTW有限公司（INDIA DTW CO.,LTD.）签订一份贸易合同，合同约定出口一台型号为QX03212的履带式挖掘机（H.S.CODE：8429521200）。2011年5月05日，河北器械贸易有限公司（该公司具有自主报检资质，报检登记号为1301012350）向天津检验检疫局发出报检申请。

备注：河北器械贸易有限公司 联系人：王燕，联系方式：13412345678。

销售确认书（SALE CONTRACT）

S/C NO.:QXCK234　　　　DATE:2011-04-12

1）货物名称、规格、数量、单价、总价（表3-7）。

表 3-7 货物信息表

| Name of Commodity, Specifications 商品名称、规格 | Unit | Quantity 数量 | Unit Price 单价 | Total Amount 总价 |
|---|---|---|---|---|
| HYDRAULIC CRAWLER EXCAVATOR QX03212 | CASE | 1 | USD23500.00 | USD23500.00 |
| 总值 Total Value | USD23500.00 | | | |

2）唛头（SHIPPING MARKS）：DTW。

3）装运港：天津新港（XINGANG）。

4）卸货港：印度清奈（CHENNAI）。

5）发票（表 3-8）：

发票（INVOCE）

NO: QX0387-05　　S/C NO: QXCK234　　DATE: MAY.05.2011

CONSIGNEE: 河北器械贸易有限公司（报检单位登记号：1301012350）

PORT OF LOADING: XINGANG, TIANJIN

DESTINATION: CHENNAI，INDIA

TRANSPORTATION WAY: BY SEA

DELIVERY TERMS: CFR CHENNAI

PAYMENT TERMS: L/C

表 3-8 发票信息表

| Name of Commodity ,Specifications | Unit | Quantity | Unit Price | Total Amount |
|---|---|---|---|---|
| HYDRAULIC CRAWLER EXCAVATOR QX03212 | CASE | 1 | USD23500.00 | USD23500.00 |
| 总值 Total Value | SAY USD TWENTY THREE THOUSAND AND FIVE HUNDRED ONLY | | | |

6）箱单（表 3-9）：

箱单（PACKING LIST）

NO: QX0387-05　　S/C NO: QXCK234　　DATE: MAY.05.2011

CONSIGNEE: 河北器械贸易有限公司（报检单位登记号：1301012350）

PORT OF LOADING: TIANJIN, XINGANG

DESTINATION: CHENNAI，INDIA

TRANSPORTATION WAY: BY SEA

DELIVERY TERMS: CFR CHENNAI

表 3-9 箱单信息表

| Description | Unit | Quantity | G.W（KGS） | N.W（KGS） |
|---|---|---|---|---|
| HYDRAULIC CRAWLER EXCAVATOR QX03212 | CASE | 1 | 2450 | 2400 |
| Total Packing | 1 | | | |
| Total Gross Weight | 2450KGS | | | |
| Total Net Weight | 2400KGS | | | |

7）补充资料：

① 货物产地：河北石家庄。

② 包装种类及数量：1 箱。

③ 贸易方式：一般贸易。

④ 运输船名/船次：TAGFRT 08574。

⑤ 随附单据：合同、发票、装箱单、换证凭单。

**[制单要求]**

根据销售确认书、发票、箱单、补充资料完成出境货物报检单的填制。其中“货物存放地点”、“信用证号”、“发货日期”、“集装箱规格、数量及号码”、“用途”、“许可证/审批号”等内容本案未涉及，不用填写，其他栏目均空白。

（备注：本案例选自络捷斯特物流单证软件练习题）

2. 自我评价

学 习 札 记

| 单证名称 | 作用 | | |
|---|---|---|---|
| | | | |
| | | | |
| | | | |
| 制单练习 | 总分 | | 得分 | |
| 失分情况 | | | |
| 心得体会 | | | |

## 四、课外延伸

### HS 编码

HS 编码即海关编码，为编码协调制度的简称。其全称为《商品名称及编码协调制度的国际公约》(International Convention for Harmonized Commodity Description and Coding System)，简称协调制度（Harmonized System，HS）。

HS 编码"协调"涵盖了《海关合作理事会税则商品分类目录》(CCCN）和联合国的《国际贸易标准分类》(SITC）两大分类编码体系，是系统的、多用途的国际贸易商品分类体系。它除了用于海关税则和贸易统计外，对运输商品的计费、统计、计算机数据传递、国际贸易单证简化及普遍优惠制税号的利用等方面，都提供了一套可使用的国际贸易商品分类体系。

从 1992 年 1 月 1 日起，我国进出口税则采用世界海关组织《商品名称及编码协调制度》，该制度是一部科学的、系统的国际贸易商品分类体系，采用六位编码，适用于税则、统计、生产、运输、贸易管制、检验检疫等多方面，目前全球贸易量98%以上使用这一目录，已成为国际贸易的一种标准语言。我国进出口税则采用十位编码，前八位等效采用 HS 编码，后两位是我国子目，它是在 HS 分类原则和方法基础上，根据我国进出口商品的实际情况延伸的两位编码。

（资料来源：http://baike.baidu.com/view/84860.htm.）

### 贸易方式

贸易方式是指国际贸易中买卖双方所采用的各种交易的具体做法。在对外贸易活动中，每一笔交易都要通过一定的贸易方式来进行。贸易方式是在买卖双方交易过程中随着不同商品、不同地区和不同对象，根据双方的需要形成的。当前在国际贸易中流行着各种各样的贸易方式，各种贸易方式也可交叉进行，随着国际贸易的发展，新的贸易方式不断涌现。

（资料来源：http://baike.baidu.com/view/339123.htm.）

# 任务三　填制报关单及代理报关委托书

**【任务描述】**

经过商检，在取得货物的检验检疫合格证后，保管人员就可以携带其他相关资料去海关办理货物进出关手续了。为了顺利完成报关事项，正确填制报关单就显得非常重要了。无法完成通关手续就意味着货物不能进出关境，贸易活动也就无法进行，甚至会造成巨大的经济损失。有鉴于此，下面将介绍如何填制报关单。

通过本任务的训练，学生应达到以下目标:

- 熟悉报关单和代理报关委托书的构成要素;
- 了解报关单和代理报关委托书的作用;
- 掌握报关单和代理报关委托书的填制方法;
- 掌握填制报关单和代理报关委托书的注意事项。

## 一、知识准备

### 1. 报关单

报关单的全称是进出口货物报关单，指进出口货物收发货人或其代理人，按照海关规定的格式对进出口货物的实际情况作出书面申明，以此要求海关对其货物按适用的海关制度办理通关手续的法律文书。

报关单在对外经济贸易活动中具有十分重要的法律地位。它既是海关监管、征税、统计及开展稽查和调查的重要依据，又是加工贸易进出口货物核销，以及出口退税和外汇管理的重要凭证，也是海关处理走私、违规案件及税务、外汇管理部门查处骗税和套汇犯罪活动的重要证书。

### 2. 代理报关委托书

代理报关委托书是委托代理机构代为从事报关业务的委托书，即货主单位不亲自对将出口的货物进行报关，而是委托给专业的报关代理机构全权负责。这样，既为出口单位省去不少时间，也提高了报关的效率。

代理报关委托书作用是作为货主和代理之间的委托凭证，明确双方的权利和责任。

## 二、任务实施

### 1. 填制出口货物报关单

本任务以出口货物报关单（图 3-8）为例进行填制方法的讲解（表 3-10），进口货物报关单与之相似，可参照相应的填制方法。

## 出口货物报关单

预录入编号： 海关编号：

| 出口口岸 | 备案号 | 出口日期 | 申报日期 |
|---|---|---|---|
| 运营单位 | 运输方式 | 运输工具名称 | 提运单号 |
| 发货单位 | 贸易方式 | 征免性质 | 结汇方式 |
| 许可证号 | 运抵国（地区） | 指运港 | 境内货源地 |

| 批准文号 | 成交方式 | 运费 | 保费 | 杂费 |
|---|---|---|---|---|
| 合同协议号 | 件数 | 包装种类 | 毛重（公斤） | 净重（公斤） |
| 集装箱号 | 随附单据 | | | 生产厂家 |
| 标记唛码及备注 | | | | |

| 项号 | 商品编码 | 商品名称、规格型号 | 数量及单位 | 最终目的国（地区） | 单价 | 总价 | 币制 | 征免 |
|---|---|---|---|---|---|---|---|---|
| | | | | | | | | |
| | | | | | | | | |
| 税费征收情况 | | | | | | | | |

| 录入员 | 录入单位 | 兹声明以上申报无讹并承担法律责任 | 海关审单批注及放行日期（签章） | |
|---|---|---|---|---|
| 报关员 | | | 审单 | 审价 |
| 单位地址 | | 申报单位（签章） | 征税 | 统计 |
| 邮编 | 电话 | 填制日期 | 查验 | 放行 |

图 3-8 出口货物报关单（样单）

**表 3-10 出口货物报关单填制方法和注意事项（一）**

| | |
|---|---|
| 填制方法 | ①“出口口岸”栏：填写载运货物的运输工具进出境地的隶属海关名称及四位代码。格式：隶属海关中文名称（四位代码），即隶属海关中文名称＋“(”＋四位代码＋“)”<br>②“出口日期”栏：填写运载出口货物的运输工具办结出境手续的日期<br>③“申报日期”栏：填写海关计算机系统接受申报数据时记录的日期<br>④“经营单位”、“发货单位”：填报经营单位、发货单位名称及编码。格式：经营单位中文名称（经营单位编码），即经营单位中文名称＋“(”＋经营单位编码＋“)” |

续表

<table>
<tr><td>填制方法</td><td>⑤“运输方式”栏：要根据实际运输方式按海关规定的“运输方式代码表”选择、填报相应的运输方式的名称或代码<br>⑥“运输工具”栏：江海运输填报船舶编号＋“/”＋航次号。格式：船舶编号/航次号<br>⑦“提运单号”栏：填写提单编号，此栏目主要是填运输单据的编号。</td></tr>
<tr><td>注意事项</td><td>① 运输方式代码：<br>
<table>
<tr><td>编号</td><td>运输方式</td><td>编号</td><td>运输方式</td><td>编号</td><td>运输方式</td></tr>
<tr><td>0</td><td>非保税区</td><td>1</td><td>监管仓库</td><td>2</td><td>江海运输</td></tr>
<tr><td>3</td><td>铁路运输</td><td>4</td><td>汽车运输</td><td>5</td><td>航空运输</td></tr>
<tr><td>6</td><td>邮件运输</td><td>7</td><td>保税区</td><td>8</td><td>保税仓库</td></tr>
<tr><td>9</td><td>其他运输</td><td>Z</td><td>出口加工</td><td></td><td></td></tr>
</table>
② 在填制练习案例时，有时运输工具信息是将船舶名称（编号）和航次号放在一起的，如“DANU BHUM V.S009”，其中 DANU BHUM 为船名，S009 为航次号，V.为间隔符号，所以应填写“DANU BHUM/ S009”</td></tr>
</table>

图 3-9 为出口货物报关单部分，填制方法和注意事项如表 3-11 所示。

**出口货物报关单**

| 出口口岸 | 备案号 | 出口日期 | 申报日期 |
|---|---|---|---|
| 运营单位 | 运输方式 | 运输工具名称 | 提运单号 |
| 发货单位 | 贸易方式 | 征免性质 | 结汇方式 |
| 许可证号 | 运抵国（地区） | 指运港 | 境内货源地 |

图 3-9 出口货物报关单部分（一）

**表 3-11 出口货物报关单填制方法和注意事项（二）**

| | |
|---|---|
| 填制方法 | ①“贸易方式（监管方式）”栏：应根据实际对外贸易情况按海关规定的《监管方式代码表》选择填报相应的监管方式简称或代码<br>②“征免性质”栏：应根据实际情况按海关规定的《征免性质代码表》选择填报相应的征免性质简称或代码。格式：征免性质简称或代码<br>③“结汇方式”栏：根据海关规定的《结汇方式代码表》选择填报相应的结汇方式名称或代码 |
| 注意事项 | ① 填写提运单号时，该编号必须与运输部门向海关提供的载货清单所列内容一致（包括数码、英文大小写、符号和空格） |

续表

② 报关常用代码

| 贸易方式（代码） | 备案号（第一个字母） | 征免性质（或代码） | 征免 | 用途（或代码） | 项号 |
|---|---|---|---|---|---|
| 一般贸易（0110） | 空 | 一般征税（101） | 照章征税（1） | 外贸自营内销（1） | 填报关单中的商品序号 |
| | Z（征免税证明） | 鼓励项目（789） | 全免（3） | 企业自用（4） | 第一行填写报关单中的商品序号，第二行填写与《征免税说明》上一致的商品项号 |
| | | 自有资金（799） | 全免（3） | | |
| | | 科教用品（401） | 全免（3） | | |
| 来料加工（0214） | B（登记手册） | 来料加工（502） | 全免（3） | 加工返销（5） | 第一行填写报关单中的商品序号,第二行填写与《登记手册》上一致的商品项号 |
| 进料对口（0615） | C（登记手册） | 进料加工（503） | 全免（3） | 加工返销（5） | |
| 合资合作设备（2025） | Z（征免税证明） | 鼓励项目（789） | 全免（3） | 企业自用（4） | 第一行填写报关单中的商品序号，第二行填写与《征免税说明》上一致的商品项号 |
| 外资设备物品（2225） | Z（征免税证明） | 鼓励项目（789） | 全免（3） | 企业自用（4） | |

图 3-10 为出口货物报关单部分，填制方法和注意事项如表 3-12 所示。

## 出口货物报关单

| 许可证号 | 运抵国（地区） | 指运港 | | 境内货源地 |
|---|---|---|---|---|
| 批准文号 | 成交方式 | 运费 | 保费 | 杂费 |
| 合同协议号 | 件数 | 包装种类 | 毛重（公斤） | 净重（公斤） |
| 集装箱号 | 随附单据 | | | 生产厂家 |
| 标记唛码及备注 | | | | |

图 3-10 出口货物报关单部分（二）

表 3-12 出口货物报关单填制方法和注意事项（三）

<table>
<tr><td>填制方法</td><td>①“运抵国（地区）”栏：应按海关规定的《国别（地区）代码表》选择填报相应的运抵国（地区）中文名称<br>②“指运港”栏：应根据实际情况按海关规定的《港口航线代码表》选择填报相应的港口中文名称及代码。指运港在《港口航线代码表》中无港口中文名称及代码的，可选择填报相应的国家中文名称<br>③“境内货源地”栏：按照“国内地区代码表”选择国内地区名称或代码填报<br>④“许可证号”栏：本栏所涉及填报的内容，包括进（出）口许可证、两用物项和技术进（出）口许可证、纺织品临时出口许可证三类证件的编号<br>⑤“批准文号”：本栏的填报实行出口收汇核销管理的出口收汇核销单上的编号<br>⑥“成交方式”栏：填报相应的成交方式名称或代码<br>⑦“运费”栏：本栏应根据具体情况选择运输单价、运费总价或运费率三种方式之一填报，同时注明运费标记（运费率标记免填），并按海关规定的《货币代码表》选择填报相应的币种代码<br>⑧“保险费”栏：本栏要根据具体情况选择保险费总价或保险费率两种方式之一的填报，同时注明保险费标记（保险费率标记免填），并按照海关规定的“货币代码表”选择填报相应的币种代码<br>⑨“合同协议号”：此栏填报进出口货物合同协议的全部字头和号码</td></tr>
<tr><td>注意事项</td><td>① 出口收汇核销单是由外汇管理部门制发、出口单位凭以向海关出口报关、向外汇指定银行办理出口收汇、向外汇管理部门办理出口收汇核销、向税务机关办理出口退税申报的有统一编号及使用期限的凭证<br>② 部分常用货币代码：<br><table><tr><td>货币名称</td><td>人民币</td><td>美元</td><td>欧元</td><td>英镑</td><td>日元</td></tr><tr><td>货币符号</td><td>CNY</td><td>USD</td><td>EUR</td><td>GBP</td><td>JPY</td></tr><tr><td>货币代码</td><td>142</td><td>502</td><td>300</td><td>303</td><td>116</td></tr><tr><td>货币名称</td><td>港币</td><td>新加坡元</td><td>瑞士法郎</td><td>加拿大元</td><td>澳大利亚元</td></tr><tr><td>货币符号</td><td>HKD</td><td>SGD</td><td>CHF</td><td>CAD</td><td>AUD</td></tr><tr><td>货币代码</td><td>110</td><td>132</td><td>331</td><td>501</td><td>601</td></tr></table>③ 运费标记“1”表示运费率，“2”表示每吨货物的运费单价，“3”表示运费总价<br>④ 运费单价填报运费币值代码＋“/”＋运费单价的数值＋“/”＋运费单价标记，如 24 美元的运费单价填报为“502/24/2”<br>⑤ 运费总价填报运费币值代码＋“/”＋运费总价的数值＋“/”＋运费总价标记，如 7000 美元的运费总价填报为“502/7000/3”<br>⑥ 运费率直接填报运费率的数值，如 5%的运费率填报为“5”</td></tr>
</table>

图 3-11 为出口货物报关单部分，填制方法和注意事项如表 3-13 所示。

出口货物报关单

| 许可证号 | 运抵国（地区） | 指运港 | 境内货源地 | |
|---|---|---|---|---|
| 批准文号 | 成交方式 | 运费 | 保费 | 杂费 |
| 合同协议号 | 件数 | 包装种类 | 毛重（公斤） | 净重（公斤） |
| 集装箱号 | 随附单据 | | | 生产厂家 |
| 标记唛码及备注 | | | | |

图 3-11　出口货物报关单部分（三）

表 3-13　出口货物报关单填制方法和注意事项（四）

| | |
|---|---|
| 填制方法 | ①“件数”栏：填报有外包装的进出口货物的实际件数<br>②“包装种类”栏：填写应根据进出口货物的实际外包装种类，选择填报相应的包装种类的中文名称<br>③“毛重”栏：填报进出口货物的实际毛重，以千克计，不足 1 千克的记为“1”<br>④“净重”栏：以毛重作为净重计价的，可填毛重。按照国际惯例以公量重计价的货物<br>⑤“集装箱号”栏：填报方式为集装箱号+“/”+规格+“/”+自重。在多于一个集装箱的情况下，其余集装箱编号打印在备注栏或随附清单上<br>⑥“随附单据”栏：仅填报除进出口许可证以外的监管证件代码及编号<br>⑦“生产厂家”栏：填报其境内生产企业。<br>⑧“标记唛码及备注”栏：填写除货物之外的有关补充和特殊事项的说明，包括关联备案号、关联报关单号 |
| 注意事项 | ① 毛重是指产品的重量和包装该产品所需的包装用品的重量之和；净重是单指产品的重量；皮重产品包装的重量。通常，毛重=净重+皮重<br>② 在填写集装箱号时，填写格式中的“自重”是集装箱自身的重量，注意不要填写装了货物的总重量 |

图 3-12 为出口货物报关单部分，填制方法和注意事项如表 3-14 所示。

出口货物报关单（部分）

| 项号 | 商品编码 | 商品名称、规格型号 | 数量及单位 | 最终目的国（地区） | 单价 | 总价 | 币制 | 征免 |
|---|---|---|---|---|---|---|---|---|
| | | | | | | | | |
| | | | | | | | | |
| 税费征收情况 | | | | | | | | |

图 3-12　出口货物报关单部分（四）

表 3-14　出口货物报关单填制方法和注意事项（五）

| | |
|---|---|
| 填制方法 | ①“项号”栏：分两行填报，第一行填报货物在报关单中的商品排列序号<br>②“商品编号”栏：填写按照《进出口税则》确定的税则编号及符合海关监管要求的附加编码<br>③“商品名称、规格型号”栏：有品牌的写上品牌<br>④“数量及单位”栏：填报进出口商品的成交数量及计量单位，以及海关法定计量范围和按照海关计量单位换算的数量，计量单位填写中文<br>⑤“最终目的国（地区）”栏：填写已知的出口货物最后交付的国家（地区），即最终实际消费、使用或做进一步加工制造的国家（地区）<br>⑥“总价”栏：填写货物实际成交的商品总价<br>⑦“币制”栏：填写货物实际成交价格的计价货币的名称或代码缩写<br>⑧“征免”栏：应按照海关核发的《征免税证明》或有关政策规定，对报关单所列每项商品选择填报海关规定的《征减免税方式代码表》中相应的征减免税方式<br>⑨ 其他栏目不填写 |

2. 代理报关委托书的填制

代理报关委托书主要由委托方信息、别委托方信息及委托事项构成。代理报关委托书的具体结构和构成要素如图 3-13 和图 3-14 所示，填制方法和注意事项如表 3-15 和表 3-16 所示。

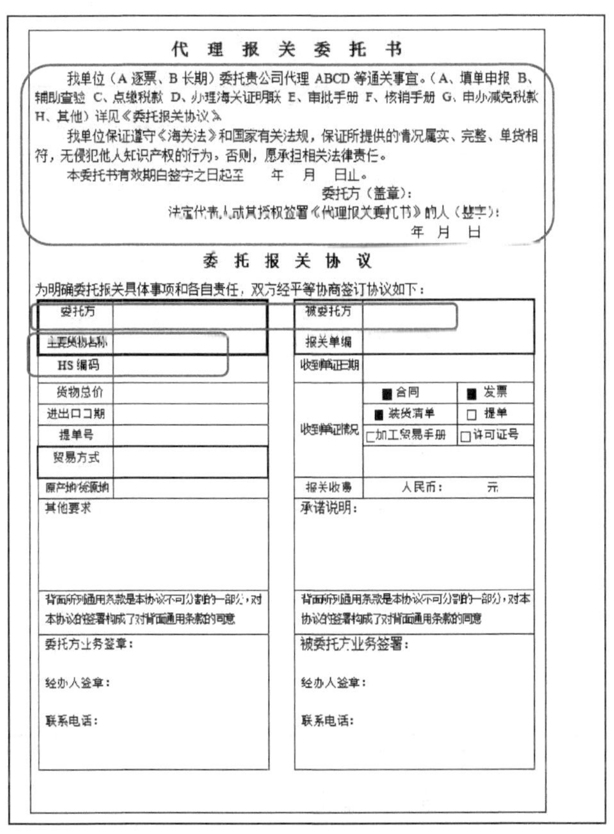

代 理 报 关 委 托 书

我单位（A 逐票、B 长期）委托贵公司代理 ABCD 等通关事宜。（A、填单申报 B、辅助查验 C、点缴税款 D、办理海关证明联 E、审批手册 F、核销手册 G、申办减免税款 H、其他）详见《委托报关协议》。

我单位保证遵守《海关法》和国家有关法规，保证所提供的情况属实、完整、单货相符，无侵犯他人知识产权的行为。否则，愿承担相关法律责任。

本委托书有效期自签字之日起至　　年　　月　　日止。

委托方（盖章）：

法定代表人或其授权签署《代理报关委托书》的人（签字）：

年　月　日

委 托 报 关 协 议

为明确委托报关具体事项和各自责任，双方经平等协商签订协议如下：

| | | | | |
|---|---|---|---|---|
| 委托方 | | 被委托方 | | |
| 主要货物名称 | | 报关单编 | | |
| HS 编码 | | 收到单证日期 | | |
| 货物总价 | | 收到单证情况 | ■ 合同 | ■ 发票 |
| 进出口日期 | | | ■ 装货清单 | □ 提单 |
| 提单号 | | | □加工贸易手册 | □许可证号 |
| 贸易方式 | | | | |
| 原产地/货源地 | | 报关收费 | 人民币：　　元 | |
| 其他要求 | | 承诺说明： | | |
| 背面所列通用条款是本协议不可分割的一部分，对本协议的签署构成了对背面通用条款的同意 | | 背面所列通用条款是本协议不可分割的一部分，对本协议的签署构成了对背面通用条款的同意 | | |
| 委托方业务签章：<br>经办人签章：<br>联系电话： | | 被委托方业务签署：<br>经办人签章：<br>联系电话： | | |

图 3-13　代理报关委托书（一）

**表 3-15　代理报关委托书单填制方法和注意事项（一）**

| | |
|---|---|
| 填制方法 | ① 基础信息：代理报关基础信息，包括代理时间、事项内容，在对应的“□”打“✓”，并填委托代理时间和受托方（一般为货运代理或代理报关行）签名<br>② 委托方和被委托方：委托方一般填写货主（出口商）单位中文名称；被委托方填写货运代理或代理报关行单位名称<br>③ 货物名称和 HS 编码：此内容可依据合同发票内容填写货物名称，HS 编码依据报检信息填写 |
| 注意事项 | 进行委托报关时，须选择具有合格资质的代理机构，并正确填写委托方和受托方的相关信息，以作纠纷处理的依据 |

**代　理　报　关　委　托　书**

我单位（A 逐票、B 长期）委托贵公司代理 ABCD 等通关事宜。（A、填单申报 B、辅助查验 C、点缴税款 D、办理海关证明联 E、审批手册 F、核销手册 G、申办减免税款 H、其他）详见《委托报关协议》

我单位保证遵守《海关法》和国家有关法规，保证所提供的情况属实、完整、单货相符，无侵犯他人知识产权的行为。否则，愿承担相关法律责任。

本委托书有效期自签字之日起至　　年　月　日止。

委托方（盖章）：

法定代表人或其授权签署《代理报关委托书》的人（签字）：

年　月　日

**委　托　报　关　协　议**

为明确委托报关具体事项和各自责任，双方经平等协商签订协议如下：

| | | | | |
|---|---|---|---|---|
| 委托方 | | 被委托方 | | |
| 主要货物名称 | | 报关单编 | | |
| HS 编码 | | 收到单证日期 | | |
| 货物总价 | | 收到单证情况 | ■合同 | ■ 发票 |
| 进出口日期 | | | ■ 装货清单 | □ 提单 |
| 提单号 | | | □加工贸易手册 | □许可证号 |
| 贸易方式 | | | | |
| 原产地/货源地 | | 报关收费 | 人民币： | 元 |
| 其他要求 | | 承诺说明： | | |
| 背面所列通用条款是本协议不可分割的一部分，对本协议的签署构成了对背面通用条款的同意 | | 背面所列通用条款是本协议不可分割的一部分，对本协议的签署构成了对背面通用条款的同意 | | |
| 委托方业务签章：<br><br>经办人签章：<br><br>联系电话： | | 被委托方业务签署：<br><br>经办人签章：<br><br>联系电话： | | |

图 3-14　代理报关委托书（二）

表 3-16 代理报关委托书单填制方法和注意事项（二）

| | |
|---|---|
| 填制方法 | ①“货物总价”栏：填写出口/进口商品货物总价值，货物总价可依据销售发票填写，此栏目一般不填写<br>②“进出口日期”栏：直接填写货物进出口时间，可依据订舱确认凭证填写<br>③“提单号”栏：可依据订舱确认凭证直接填写提单号，也可不填写<br>④“贸易方式”：直接填写本次交易方式，便于填写报关单<br>⑤“收到单证情况”栏：将委托人提交的单据进行描述和罗列<br>⑥“其他要求”栏：若委托人在委托其报关时有其他要求，可在此处填写<br>⑦“承诺说明”栏：受托人对接受本次委托的承诺说明<br>⑧“委托方”、“受托方”栏：填写双方公司名称、经办人签章和联系电话<br>⑨ 其他栏目不填写 |
| 注意事项 | 委托书相当于委托合同，所以填写报关委托书时，须写明委托方的要求，要达成怎样的结果，以及如何划分责任 |

## 三、任务巩固

1. 根据案例，完成以下制单练习

2011 年 7 月 15 日，广州黄埔玩具有限公司（以下简称“黄埔玩具”）与荷兰 QQ 玩具有限公司（以下简称“QQ 玩具”）双方签订销售合同。双方约定装船日期为 2011 年 8 月 1 日，2011 年 8 月 25 日将 4000 件玩具运至鹿特丹。双方签订的合同如表 3-17 所示。

表 3-17 出口贸易销售合同

CONTRACT
合 同

合同号（CONTRACT NO）: INVAC02 日期（DATE）: 2011-07-15

买方：荷兰 QQ 玩具有限公司（HOLLAND QQ TOY CO., LTD.）

地址（Address）: K P VAN DE MANDELELAAN 100, ROTTERDAM, 3062 MB NETHERLANDS

TEL: 0031 82 52 230 5470 FAX: 0031 82 52 230 5470

卖方：广州黄埔玩具有限公司（GUANGZHOU HUANGPU TOY CO., LTD. ）

地址（Address）: 广州市天河区沐陂西街 4 号

NO.4 MU PO XI JIE, TIAN HE DISTRICT, GUANGZHOU POST CODE: 501663

Tel:（020）64351003 Fax:（020）64351003

兹经买卖双方同意，由买方购进，卖方出售下列货物，按下列条款签订本合同：

This CONTRACT is made by and between the Buyer, the Sellers and the Manufacturer; whereby it is agreed that the

Buyer purchase and the Sellers supply the under mentioned goods according to the terms and conditions stipulated below:

续表

1. 货物名称、规格、数量、单价、总价

| Name of Commodity ,Specifications 商品名称、规格 | Quantity 数量 | Unit Price 单价 | Total Amount 总价 |
|---|---|---|---|
| 电动玩具火车 ELECTRIC TOY | 4000 件 | USD10 | USD40000 |
| 总值 Total Value | USD40000 | | |

2. 价格术语： CIF ROTTERDAM
PRICE TERMS:
3. 唛头： INVAC02
SHIPPING MARKS: MADE IN CHINA
C/NO.: 1-200
4. 装运口岸： 深圳港
PORT OF SHIPMENT: SHENZHEN PORT
5. 目的港： 荷兰鹿特丹
PORT OF DESTINATION: ROTTERDAM HOLLAND
6. 付款方式：电汇
PAYMENT: T/T
7. 装船日期： 2011 年 8 月 1 日
DATE OF SHIPPMENT: 1 Aug, 2011

广州黄埔玩具有限公司 GUANGZHOU HUANGPU TOY CO., LTD.　　荷兰 QQ 玩具有限公司 HOLLAND QQ TOY CO., LTD.

1）业务受理：广州永久物流中心（以下简称“永久物流”）是集国际空海运、国内陆运、仓储、贸易物流为一体的国内综合性第三方物流中心，为黄埔玩具提供全方位的第三方物流服务。

2011年7月15日，永久物流客户经理张军收到黄埔玩具(海关注册编号4401920053)的货运代理，委托其运输一批电动玩具火车到国外荷兰 QQ 玩具。装船日期为：2011 年 8 月 1 日。张军根据销售确认书确定此票货物为国际运输业务后，分别与公司的货代部、仓储部和深圳货运站进行联系，准备办理本批货物的出口运输业务。

2）租船订舱：2011 年 7 月 17 日，永久物流货代部王伟根据黄埔玩具出具的订舱委托书进行租船订舱。并于 2011 年 7 月 18 日收到船代公司的订舱确认凭证，航期为 2011 年 8 月 1 日，船名航次：DANU BHUM V.S009，提单号为：HACB8122145。

王伟根据订舱确认凭证/单签发【送货通知】给仓储部，要求其在 2011 年 7 月 25 日将货物运至深圳妈湾港货运码头广州永久物流中心货运站准备装箱。

3）装箱集港：永久物流货代部根据货物的特性，确定其所有货物可装箱于 1 个 20

尺的普柜中（集装箱自重 2280 千克）。7 月 26 日，永久物流持订舱确认凭证到堆场箱管科缴纳押箱费领取设备交接单到堆场提空箱，在广州永久物流中心货运站（深圳）处进行装箱作业。装箱完成之后，永久物流凭相关单据到港口检查桥完成货物的集港。

4）货物报关：7 月 28 日，永久物流货代部持《出境货物换证凭单》至口岸检验检疫中心顺利换取《出境货物通关单》，报关员开始办理货物的报关业务。永久物流在接到黄埔玩具提交的全套单据（合同、发票、箱单、核销单、出境货物通关单等材料）向深圳海关（7900）申请报关，办理出口货物通关业务。电动玩具火车的商品编码（H.S 编码）为 95031000，法定计量单位为千克。发票、箱单详细内容如下（表 3-18 和表 3-19）：

广州黄埔玩具有限公司

GUANGZHOU HUANGPU TOY CO.,LTD

INVOICE

TO: HOLLAND QQ TOY Co., LTD. NO.OF INVOICE: 000996

DATE: 17JULY, 2011

FROM SHENZHEN TO ROTTERDAM

Sailing on or about 1 AUG , 2011

L/C No.: SALES CONFIRMATION.: INVAC02

B/L NO.: HACB8122145

表 3-18　货物信息表（一）

| Description of Goods | Unit Price | Amount |
| --- | --- | --- |
| ELECTRIC TOY<br>电动玩具火车<br>PACKAGES: 200 CASES | USD10/PC | CIF ROTTERDAM<br>USD40000<br>F: USD300<br>I: USD0.27% |

广州黄埔玩具有限公司

GUANGZHOU HUANGPU TOY CO.,LTD.

PACKING LIST

TO: HOLLAND QQ TOY Co., LTD. NO.OF INVOICE: 000996

DATE: 18 JULY, 2011

FROM SHENZHEN TO ROTTERDAM

Sailing on or about 1 AUG , 2011

Country of origin: CHINA Country of destination: HOLLAND

表 3-19　货物信息表（二）

| Marks&Nos. | Number and Kind of Packages Description OF Goods | Quantity | Gross Weight | Net Weight |
| --- | --- | --- | --- | --- |

续表

| INVAC02<br>MADE IN<br>CHINA<br>C/NO.: 1-200 | ELECTRIC TOY<br>TOTAL: 200 CASES<br>ONLY | 4000PCS | 3000KGS | 2944KGS |
|---|---|---|---|---|

CONTAINER NO. : TEXU8676881 , 1×20’（200 PACKAGES）
2011 年 7 月 30 日，海关通关放行，该批货物于 2011 年 8 月 1 日顺利装船。

**[制单要求]**

以广州永久物流中心报关员的身份填制出口货物报关单。
（备注：本案例选自络捷斯特物流单证软件练习题）

2. 自我评价

学 习 札 记

<table>
<tr><td>单证名称</td><td colspan="4">作用</td></tr>
<tr><td></td><td colspan="4"></td></tr>
<tr><td></td><td colspan="4"></td></tr>
<tr><td></td><td colspan="4"></td></tr>
<tr><td>制单练习</td><td>总分</td><td></td><td>得分</td><td></td></tr>
<tr><td>失分情况</td><td colspan="4"></td></tr>
<tr><td>心得体会</td><td colspan="4"></td></tr>
</table>

## 四、课外延伸

### 取消出口收汇核销单

国家外汇管理局、海关总署、国家税务总局《关于货物贸易外汇管理制度改革的公告》第三条规定：调整出口报关流程，改革之日起，企业办理出口报关时不再提供核销单。

第四条规定：简化出口退税凭证，自 2012 年 8 月 1 日起报关出口的货物（以海关“出口货物报关单（出口退税专用）”注明的出口日期为准，下同），出口企业申报出口退税时，不再提供核销单；税务局参考外汇局提供的企业出口收汇信息和分类情况，依据相关规定，审核企业出口退税。

（资料来源：http://baike.baidu.com/view/84860.htm.）

# 任务四　填制提单

【任务描述】

货物实现国际间的远距离位置转移，必须借助运输工具，可以是航空运输的飞机，也可以是水路运输的货轮，还可以是铁路运输的火车。在国际贸易中，采用最多的运输方式便是水路运输，因此也有了海运提单的出现。提单的正确填制是国际物流顺利进行的有力保障，在国际贸易中起到了重要的作用。下面我们来学习提单的作用及如何填制海运提单（本任务所述提单均为海运提单）。

通过本任务的训练，学生应达到以下目标：

- 熟悉提单的构成要素；
- 知道提单的作用；
- 掌握提单的填制方法；
- 掌握填制提单的注意事项。

## 一、知识准备

提单简称 B/L，是用以证明海上货物运输合同和货物已经由承运人接收或者装船，以及承运人保证据以交付货物的单证。在对外贸易中，运输部门承运货物时签发给发货人（可以是出口人也可以是货代）的一种凭证。

提单的作用包括：

1）对于将货物交给承运人运输的托运人，提单具有货物收据的功能。

2）对于合法取得提单的持有人，提单具有物权凭证的功能。

3）提单上印就的条款规定了承运人与托运人之间的权利、义务，而且提单也是法律承认的处理有关货物运输的依据，因而常被人们认为提单本身就是运输合同。

## 二、任务实施

提单主要由托运人信息、承运人信息、运输地理信息及货物信息等栏目构成。提单的具体结构和构成要素如图 3-15～图 3-18 所示，填制方法和注意事项见表 3-20～表 3-23。

B/L NO.

Shipper

Consignee

Notify Party

PIL Shipping Co.
Bill of Lading

| Pre-carriage by | Place of Receipt |
|---|---|
| Ocean Vessel Voy. No. (5) | Port of Loading (6) |
| Port of Discharge | Place of Delivery |

| Container No. Seal No. Marks & Nos. | No. of Containers of P kgs | Kinds of Packages; Description of Goods | Gross Weight kgs | Measurement |
|---|---|---|---|---|
| | | | | |

TOTAL NUMBER OF CONTAINER OR PACKAGES (IN WORDS)

| Freight & Charge | | Revenue Tons | Rate | Per | Prepaid | Collect |
|---|---|---|---|---|---|---|
| Ex. Rate. | Prepaid at | Payable at | | Place and date of Issue | | |
| | Total prepaid | No. of Original B(s)/L | | Signed for THE Carrier, PIL Shipping Co. as carrier | | |

LADEN ON BOARD THE VESSEL
DATE

(TERMS PLEASE FIND ON BACK OF ORIGINAL B/L)

图 3-15 提单样单（一）

表 3-20 提单填制方法和注意事项

| | |
|---|---|
| 填制方法 | ① “B/L NO.（提单号）”栏：订舱确认时，此号码已确定，直接填写即可<br>② “Shipper（托运人）”栏：一般为信用证中的受益人，如果开证人为了贸易上的需要，要求做第三者提单，也可照办<br>③ “Consignee（收货人）”栏：要根据信用证或合同对提单的要求来填写<br>④ “Notify Party（通知人）”栏：船公司在货物到达目的港时发送到货通知的收件人，有时即为进口商 |
| 注意事项 | ① 提单样本依据托运单和场站收据填写，提单样本经过几次确认无误之后，船代或船公司签发提单<br>② 要熟悉提单各栏英文标题所表示的意思 |

| Shipper | B/L NO. |
|---|---|
| Consignee | PIL Shipping Co. Bill of Lading |
| Notify Party | |

| Pre-carriage by | Place of Receipt |
|---|---|
| Ocean Vessel Voy. No. (5) | Port of Loading (6) |
| Port of Discharge | Place of Delivery |

| Container No. Seal No. Marks & Nos. | No. of Containers of P kgs | Kinds of Packages; Description of Goods | Gross Weight kgs | Measurement |
|---|---|---|---|---|
| | | | | |

TOTAL NUMBER OF CONTAINER OR PACKAGES (IN WORDS)

| Freight & Charge | | Revenue Tons | Rate | Per | Prepaid | Collect |
|---|---|---|---|---|---|---|
| Ex. Rate. | Prepaid at | Payable at | | Place and date of Issue | | |
| | Total prepaid | No. of Original B(s)/L | | Signed for THE Carrier, PIL Shipping Co. as carrier | | |

LADEN ON BOARD THE VESSEL

DATE

(TERMS PLEASE FIND ON BACK OF ORIGINAL B/L)

图 3-16　提单样单（二）

表 3-21　提单填制方法

| | |
|---|---|
| 填制方法 | ① “Ocean Vessel Voy. No.（船名航次）”栏：填列货物所装的船名及航次<br>② “Port of Loading（装货港）”栏：填写实际装船港口的具体英文名称<br>③ “Port of Discharge（卸货港）”栏：填列货物实际卸下的港口名称。如属于转船，第一程提单上的卸货港填写转船港，收货人填写第二程的船公司；第二程提单装货港填写上述转船港，卸货港可填写最后目的港<br>④ “Port of Delivery（最终目的地）”栏：如果货物的目的地就是目的港，空白这一栏<br>⑤ “Container No. Seal No. Marks & No.（集装箱号，铅封号，标记、唛头）”栏：为了装卸、运输及存储过程中便于识别而刷在外包装上的装运标记，是提单的一项重要内容，是提单与货物的主要联系要素，也是收货人提货的重要依据。信用证有规定的，必须按规定填列，否则按发票上的唛头填列 |

| | | B/L NO. |
|---|---|---|
| Shipper | | PIL Shipping Co. Bill of Lading |
| Consignee | | |
| Notify Party | | |
| Pre-carriage by | Place of Receipt | |
| Ocean Vessel Voy. No. (5) | Port of Loading (6) | |
| Port of Discharge | Place of Delivery | |

| Container No. Seal No. Marks & Nos. | No. of Containers of P kgs | Kinds of Packages; Description of Goods | Gross Weight kgs | Measurement |
|---|---|---|---|---|
| | | | | |
| TOTAL NUMBER OF CONTAINER OR PACKAGES (IN WORDS) | | | | |

| Freight & Charge | | Revenue Tons | Rate | Per | Prepaid | Collect |
|---|---|---|---|---|---|---|
| Ex. Rate. | Prepaid at | Payable at | | Place and date of Issue | | |
| | Total prepaid | No. of Original B(s)/L | | Signed for THE Carrier, PIL Shipping Co. as carrier | | |

LADEN ON BOARD THE VESSEL

DATE

(TERMS PLEASE FIND ON BACK OF ORIGINAL B/L)

图 3-17 提单样单（三）

表 3-22 提单填制方法（三）

| | |
|---|---|
| 填制方法 | ①“包装数量和包装单位”栏，写明包装箱（袋）的数量和包装材质，如麻袋，木箱等，如散装时，可表示为“in bulk”（散装）。包装种类一定要和信用证一致<br>②“Kinds of Packages; Description of Goods（包装种类及货品描述），写明种类和包装材质，如麻袋，木箱等，如散装时，可表示为“in bulk”（散装）。货品描述一定要和信用证一致；<br>③“Gross Weight kgs（毛重）”栏：除信用证另有规定者外，一般以公斤为单位列出货物的毛重<br>④“Measurement（总尺码）”栏：以立方米列出货物总体，单位为 CBM<br>⑤“TOTAL NUMBER OF CONTAINER OR PACKAGES（集装箱或包装总数量）”栏：货物或者包装的总量，一般以“SAY…ONLY”的形式填写 |

| | B/L NO. |
|---|---|
| Shipper | PIL Shipping Co.<br>Bill of Lading |
| Consignee | |
| Notify Party | |

| Pre-carriage by | Place of Receipt |
|---|---|
| Ocean Vessel Voy. No. (5) | Port of Loading (6) |
| Port of Discharge | Place of Delivery |

| Container No.<br>Seal No.<br>Marks & Nos. | No. of Containers of P kgs | Kinds of Packages;<br>Description of Goods | Gross Weight kgs | Measurement |
|---|---|---|---|---|
| | | | | |

TOTAL NUMBER OF CONTAINER OR PACKAGES (IN WORDS)

| Freight & Charge | | Revenue Tons | Rate | Per | Prepaid | Collect |
|---|---|---|---|---|---|---|
| Ex. Rate. | Prepaid at | Payable at | | Place and date of Issue | | |
| | Total prepaid | No. of Original B(s)/L | | Signed for THE Carrier,<br>PIL Shipping Co. as carrier | | |

LADEN ON BOARD THE VESSEL

DATE

(TERMS PLEASE FIND ON BACK OF ORIGINAL B/L)

图 3-18　提单样单（四）

表 3-23　提单填制方法（四）

| | |
|---|---|
| 填制方法 | ① “Freight & Charge（运费）”栏：运费预付与到付，即运费支付地点；运费预付地点：当贸易术语采用 CIF 或 CFR 时，运费为托运人支付。此栏填写运费预付地点，一般为装运港；运费到付地点，当贸易术语采用 FOB 时，运费为收货人支付，此栏填写运费到付地点，一般为目的港<br>② “No. of Original B（S）/L（正本提单的份数）”栏：只有正本提单可流通、交单、议付，副本则不行，单据上忘记打上正本份数或某份提单没有“正本”字样，都是不符点；信用证对份数有说明 |

## 三、任务巩固

### 学习札记

<table>
<tr><td>单证名称</td><td colspan="4">作用</td></tr>
<tr><td></td><td colspan="4"></td></tr>
<tr><td></td><td colspan="4"></td></tr>
<tr><td></td><td colspan="4"></td></tr>
<tr><td>制单练习</td><td>总分</td><td></td><td>得分</td><td></td></tr>
<tr><td>失分情况</td><td colspan="4"></td></tr>
<tr><td>心得体会</td><td colspan="4"></td></tr>
</table>

## 四、课外延伸

### 海运提单

海运提单（Marine Bill of Lading or Ocean Bill of Loading），简称为提单（Bill of Lading,B/L），是国际结算中的一种最重要的单据。

《汉堡规则》给提单下的定义：Bill of lading, means a document which evidences a contract of carriage by sea and the taking over or loading of the goods by the carrier, and by which the carrier undertakes to deliver the goods against surrender of the document. A provision in the document that the goods are to be delivered to the order of a named person, or to order, or to bearer, constitutes such an undertaking。

《中华人民共和国海商法》第七十一条规定："提单，是指用以证明海上货物运输合同和货物已经由承运人接收或者装船，以及承运人保证据以交付货物的单证。提单中载明的向记名人交付货物，或者按照指示人的指示交付货物，或者向提单持有人交付货物的条款，构成承运人据以交付货物的保证。"

（资料来源：http://baike.baidu.com/view/66743.htm.）

# 任务五 填制集装箱装箱单

**【任务描述】**

国际贸易活动中，货物的运输通常是以集装箱为单位进行的。这样，既可以提高运输作业的效率，也能保障运输作业的质量。因此，需要有相关的单据对货物的装箱情况进行记录，所以集装箱装箱单应运而生。本任务将介绍如何填制集装箱装箱单。

通过本任务的训练，学生应达到以下目标：

- 熟悉集装箱装箱单的构成要素；
- 了解集装箱装箱单的作用；
- 掌握集装箱装箱单的填制方法；
- 掌握填制集装箱装箱单的注意事项。

## 一、知识准备

### 1. 集装箱

集装箱（Container）是指具有一定强度、刚度和规格专供周转使用的大型装货容器。

集装箱尺寸主要有20英尺标箱、40英尺标箱、20英尺高箱、40英尺高箱。

集装箱计算单位，是Twenty Equivalent Unit（TEU），又称20英尺换算单位，是计算集装箱箱数的换算单位。例如，一个20英尺的集装箱即为1TEU，一个40英尺的集装箱即为2TEU。

### 2. 集装箱装箱单

集装箱装箱单（Container Load Plan）是详细记载每一个集装箱内所装货物名称、数量、尺码、重量、标志和箱内货物积载情况的单证，对于特殊货物还应加注特定要求，如对冷藏货物要注明对箱内温度的要求等。它是集装箱运输的辅助货物舱单。

装箱单的用途很广，包括以下几个方面：

1）是发货人向承运人提供集装箱内所装货物的明细清单。

2）在装箱地向海关申报货物出口的单据，也是集装箱船舶进出口报关时向海关提交的载货清单的补充资料。

3）作为发货人，集装箱货运站与集装箱码头之间的货物交接单。

4）是集装箱装、卸两港编制装、卸船计划的依据。

5）是集装箱船舶计算船舶吃水和稳性的基本数据来源。

6）在卸箱地作为办理集装箱保税运输手续和拆箱作业的重要单证。

7）当发生货损时，是处理索赔事故的原始依据之一。

## 二、任务实施

集装箱装箱单的具体结构和主要构成要素如图 3-19～图 3-21 所示，填制方法和注意事项见表 3-24～表 3-26 所示。

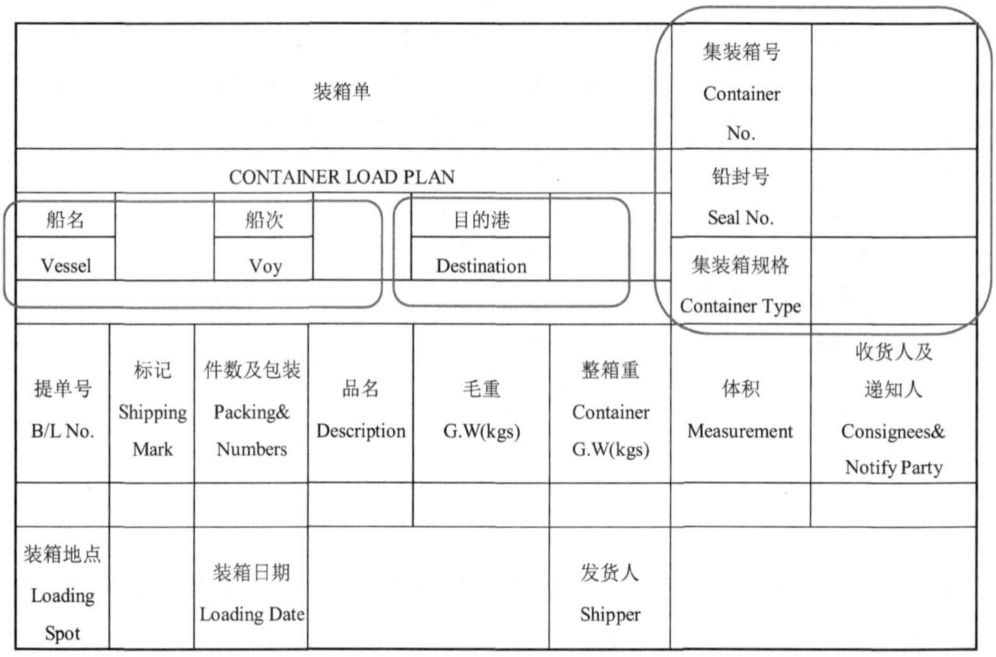

| 装箱单 | | | | | | 集装箱号 Container No. | |
|---|---|---|---|---|---|---|---|
| CONTAINER LOAD PLAN | | | | | | 铅封号 Seal No. | |
| 船名 Vessel | | 船次 Voy | | 目的港 Destination | | 集装箱规格 Container Type | |
| 提单号 B/L No. | 标记 Shipping Mark | 件数及包装 Packing& Numbers | 品名 Description | 毛重 G.W(kgs) | 整箱重 Container G.W(kgs) | 体积 Measurement | 收货人及递知人 Consignees& Notify Party |
| | | | | | | | |
| 装箱地点 Loading Spot | | 装箱日期 Loading Date | | | 发货人 Shipper | | |

图 3-19　集装箱装箱单样单（一）

**表 3-24　装箱单填制方法和注意事项（一）**

| | |
|---|---|
| 填制方法 | ①“船名航次”栏：可依据报关单、订舱确认书、配舱回单等单据直接填写订舱确认后的船名、航次<br>②“目的港”栏：填写运输船运的最终目的港，英文填写，如温哥华（VANCOUVER），直接填写 VANCOUVER<br>③“集装箱号（Container No.）”栏：车队到堆场提空后，将集装箱号填写在装箱单上；填写实际集装箱号即可<br>④“铅封号”栏：集装箱的铅封号由车队填写，与集装箱号码是一一对应的关系；直接填写铅封号，5～7 位阿拉伯数字<br>⑤“集装箱规格”栏：直接填写装运本批货物的集装箱类型，填写格式为：“集装箱尺寸（数字）”+“/”+“集装箱类型（英文缩写）”。例如 40 尺高箱，即填写为“40/HP” |
| 注意事项 | 一般船名航次公布由“/”、“V.”分隔，前半部分为船名，后半部分为航次。例如船名航次为 DONGFANG/875E，即船名为 DONGFANG，航次为 875E |

<table>
<tr><td colspan="6">装箱单</td><td>集装箱号<br>Container<br>No.</td><td></td></tr>
<tr><td colspan="6">CONTAINER LOAD PLAN</td><td rowspan="2">铅封号<br>Seal No.</td><td rowspan="2"></td></tr>
<tr><td>船名<br>Vessel</td><td></td><td>船次<br>Voy</td><td></td><td>目的港<br>Destination</td><td></td></tr>
<tr><td colspan="6"></td><td>集装箱规格<br>Container Type</td><td></td></tr>
<tr><td>提单号<br>B/L No.</td><td>标记<br>Shipping<br>Mark</td><td>件数及包装<br>Packing&<br>Numbers</td><td>品名<br>Description</td><td>毛重<br>G.W(kgs)</td><td>整箱重<br>Container<br>G.W(kgs)</td><td>体积<br>Measurement</td><td>收货人及<br>递知人<br>Consignees&<br>Notify Party</td></tr>
<tr><td></td><td></td><td></td><td></td><td></td><td></td><td></td><td></td></tr>
<tr><td>装箱地点<br>Loading<br>Spot</td><td></td><td>装箱日期<br>Loading Date</td><td colspan="2"></td><td>发货人<br>Shipper</td><td colspan="2"></td></tr>
</table>

图 3-20　集装箱装箱单样单（二）

**表 3-25　装箱单填制方法和注意事项（二）**

<table>
<tr><td>填制方法</td><td>①“提单号”栏：根据订舱确认单、提箱单、报关单等单据填写实际提单号码<br>②“唛头”栏：填写货物外包装上的运输标记。按提单、保管发票、装箱单、报关单上的内容填写，应与提单上所记载的标记一致，特别要同刷在货物外包装上的实际标记符号相同<br>③“件数及包装”栏：填写本批货物运输的实际包装件数及种类。填写标准为“商品数量”+“包装种类简写”<br>④“品名”栏：集装箱内所装货物名称，按照销售确认书填写商品的中文名称。例如出口商品为管件，则在此处直接填写“管件”<br>⑤ 毛重：填写出运商品总毛重<br>⑥ 整箱重：此处填写出运商品包装总重，此处略填</td></tr>
<tr><td>注意事项</td><td>① 填写件数及包装时，要按照填写标准填写。例如 20 个包装箱则填写“20CTNS”。CTNS 为包装名称，CTN 是英文单词“CARTON”的缩写，意思是纸箱，CTNS 为 CTN 的复数形式；此外还有包装名称 CASES，意思是箱子，没有明确说是纸箱，只是箱子，所以一般并不用在纸箱包装标注<br>② 填写毛重时，若表头处有单位，则此处只填写重量数，例如 23KGS，此时只填“23”即可；若表头处无单位，则此处需填写重量数和单位，即“23KGS”</td></tr>
</table>

<table>
<tr><td colspan="6" rowspan="1">装箱单</td><td>集装箱号<br>Container<br>No.</td><td></td></tr>
<tr><td colspan="6">CONTAINER LOAD PLAN</td><td rowspan="2">铅封号<br>Seal No.</td><td rowspan="2"></td></tr>
<tr><td>船名<br>Vessel</td><td></td><td>船次<br>Voy</td><td></td><td>目的港<br>Destination</td><td></td></tr>
<tr><td colspan="6"></td><td>集装箱规格<br>Container Type</td><td></td></tr>
<tr><td>提单号<br>B/L No.</td><td>标记<br>Shipping<br>Mark</td><td>件数及包装<br>Packing&<br>Numbers</td><td>品名<br>Description</td><td>毛重<br>G.W(kgs)</td><td>整箱重<br>Container<br>G.W(kgs)</td><td>体积<br>Measurement</td><td>收货人及<br>递知人<br>Consignees&<br>Notify Party</td></tr>
<tr><td></td><td></td><td></td><td></td><td></td><td></td><td></td><td></td></tr>
<tr><td>装箱地点<br>Loading<br>Spot</td><td></td><td>装箱日期<br>Loading Date</td><td colspan="2"></td><td>发货人<br>Shipper</td><td colspan="2"></td></tr>
</table>

图 3-21 集装箱装箱单样单（三）

**表 3-26 装箱单填制方法和注意事项（三）**

<table>
<tr><td>填制方法</td><td>①“体积”栏：填写出运货物的总体积，若在表单表头处有体积单位，则此处只填写体积数，例如 23 立方米，此处只填写“23”；若表头处无体积单位，则此处需填写体积数和单位，例如 23 立方米，此处填写“23CBM”<br>②“收货人”栏：本次交易合同进口商。多数情况下填写进口商的英文名称和地址，并与信用证开证申请人的名称和地址保持一致<br>③“装箱地点”栏：实际的货物装箱地点。如果是在工厂装箱就直接写工厂名称；如果是在堆场就写堆场名称。例如送货通知上标明将货物与××年××月×日前运至×××物流公司堆场，地址为××市××区××路，则此处直接填写“×××物流公司堆场”<br>④“装箱日期”栏：装箱的具体日期，按照系统提示选择日期<br>⑤“发货人”栏：发货人英文名称和地址，可直接根据销售确认书填写</td></tr>
<tr><td>注意事项</td><td>①“CBM”意思是“立方米”，是英文“CUBIC METRE”的缩写形式<br>② 收货人和发货人的填写需要写明英文单位名称和地址，不要忘了填写地址</td></tr>
</table>

## 三、任务巩固

1. 根据案例，完成以下制单练习

2012 年 1 月 1 日，上海新六联物流有限公司接到上海汇众器械有限公司的货运委托，运输一批沸腾干燥机（FLUID BED DRYER）到加拿大温哥华。上海汇众器械有限公司与加拿大温哥华一工厂签订销售确认书（SALE NO：0121416），双方约定：装运港为上海（SHANGHAI）；目的港为温哥华（VANCOUVER）；交货地点为芝加哥（CHICAGO）；该批货物装在一个 20 英尺的普通海运集装箱内（CONTAINER NO：GLDU2963973），铅封号为 0121416，运费到付。订舱确认后货物于 2012 年 1 月 5 日运至上海新六联物流有限公司堆场（上海市宝山区杨行工业园区锦富路 65 号）。

（1）报关单信息

申报号：001；备案号：无；主管海关：浦东海关（2201）；出口口岸：外港海关（2225）；合同号：0121416；运输方式：水路运输；运输工具名称：ALBERTA/426E；提运单号：CMAACSF；监管方式：一般贸易（0110）；结汇方式：信用证（6）；运抵国（地区）：加拿大（501）；指运港：温哥华（3089）；征免性质：一般征税（101）；纳税方式：地方；批准文号：014 ；成交方式：CIF；运费率：USD120.00；附加费：10%；件数：1；毛重（KG）：4000；净重（KG）：2700；体积（M3）：18.6。

（2）货品信息

品名：沸腾干燥机；申报数量：1；数量单位：台；币制：美元（502）；总价：27 090；单价：27 090；国别：加拿大（501）；

序号：0；商品号：84193990；规格型号：FLUID BED DRYER MODEL FG200C；附加号：90；征税方式：照章。

（3）货物信息

唛头：TERRAZZO NO.00033507。

运输车队：沪 T-33441；车重：5 吨。

商品数量：1SET。

（4）其他

出口公司：上海汇众器械有限公司。

SHANGHAI HUIZHONG MARBLE CO., LTD。

NO.918 JIAXIN ROAD JIADING INDUSTRIAL AREA SHANGHAI 201818 CHINA.

国外收货人：TERRAZZO & MARBLE SUPPLY COMPANIES.

77 SOUTH WHEELING ROADD, WHEELING, IL60090 U.S.A.

运费计费标准：件（SET）。

**[制单要求]**

根据案例信息完成集装箱装箱单的填制。

（备注：本案例选自络捷斯特物流单证软件练习题）

2. 自我评价

学 习 札 记

| 单证名称 | 作用 | | |
| --- | --- | --- | --- |
| | | | |
| | | | |
| | | | |
| 制单练习 | 总分 | | 得分 | |
| 失分情况 | | | | |
| 心得体会 | | | | |

## 四、课外延伸

### 集装箱装箱单

集装箱装箱单每一个集装箱一份，一式五联，其中码头、船代、承运人各一联，发货人、装箱人两联。集装箱货运站装箱时由装箱的货运站缮制；由发货人装箱时，由发货人或其代理人的装箱货运站缮制。

发货人或货运站将货物装箱，缮制装箱单一式五联后，连同装箱货物一起送至集装箱堆场。集装箱堆场的业务人员在五联单上签收后，留下码头联、船代联和承运人联，将发货人、装箱人联退还给送交集装箱的发货人或集装箱货运站。发货人或集装箱货运站联除自留一份备查外，将另一份寄交给收货人或卸箱港的集装箱货运站，供拆箱时使用。

对于集装箱堆场留下的三联装箱单，除集装箱堆场自留码头联，据此编制装船计划外，还须将船代联及承运人联分送船舶代理人和船公司，据此缮制积载计划和处理货运事故。

有的国家，如澳大利亚，对动植物检疫有严格的特别要求，在装箱单上就须附有申请卫生检疫机关检验申请联。在申请联的申请检验事项中，与货运有关的内容包括货物本身及其包装用料是否使用了木材，如木板、木箱、货板、垫板。如使用了，是否已经经过防虫处理的说明。如果已经经过处理，则就货物本身应由发货人将发票、海运单证和熏蒸证书一并寄交收货人；就集装箱而言，则应由船公司或其代理人连同集装箱适航证书一并寄交卸货港的船公司的代理人。

该项申请联由发货人和船公司或他们的代理人分别签署。

总之，集装箱装箱单的内容记载得准确与否，与集装箱货物运输的安全有着非常密切的关系。

（资料来源：http://baike.baidu.com/view/483507.htm.）

## 模块小结

本模块所涉及的单证均与国际贸易相关，包含了国际货代相关业务所用的各种单证。其中报关单和报检单由我国相关政府职能部门制定，一定程度上受我国进出口贸易的国情影响，所以有着严格的填制要求和标准，要正确填制就要仔细理解填制要求，并结合实际情况灵活应用填制方法。而托运单、装箱单、提单等单证主要用于国际贸易，所以基本上是用英文呈现，这就对制单者的英语水平有一定的要求。制单者必须在理解各栏目英文意思的基础上，结合填制方法进行制单。此外，本模块涉及较多的国际贸易代码，这些代码也需要制单者能够识记。只有做到这些，才能正确填制本模块的单证。